我国公共体育信息服务标准体系研究

丁青 王家宏 著

人民体育出版社

图书在版编目（CIP）数据

我国公共体育信息服务标准体系研究 / 丁青, 王家宏著. -- 北京：人民体育出版社，2023
　ISBN 978-7-5009-6102-4

　Ⅰ.①我… Ⅱ.①丁…②王… Ⅲ.①群众体育—公共服务—标准体系—研究—中国 Ⅳ.①G812.4-65

中国国家版本馆CIP数据核字(2023)第106898号

*

人民体育出版社出版发行
北京中献拓方科技发展有限公司印刷
新　华　书　店　经　销

*

710×1000　16开本　9.5印张　176千字
2023年10月第1版　　2023年10月第1次印刷

*

ISBN 978-7-5009-6102-4
定价：46.00元

社址：北京市东城区体育馆路8号（天坛公园东门）
电话：67151482（发行部）　　邮编：100061
传真：67151483　　　　　　　邮购：67118491
网址：www.psphpress.com

（购买本社图书，如遇有缺损页可与邮购部联系）

目 录

第一章 导论 …………………………………………………………（1）

　　一、研究背景与意义 ………………………………………………（1）
　　　　（一）研究背景 ………………………………………………（1）
　　　　（二）研究意义 ………………………………………………（2）
　　二、文献综述 ………………………………………………………（4）
　　　　（一）国外相关研究综述 ……………………………………（4）
　　　　（二）国内相关研究综述 ……………………………………（12）
　　三、研究思路与研究方法 …………………………………………（20）
　　　　（一）研究思路 ………………………………………………（20）
　　　　（二）研究方法 ………………………………………………（20）

第二章 公共体育信息服务标准体系理论概述 ……………………（21）

　　一、概念界定与理论基础 …………………………………………（21）
　　　　（一）核心概念界定 …………………………………………（21）
　　　　（二）理论基础 ………………………………………………（23）
　　二、公共信息服务的源流与演进 …………………………………（32）
　　　　（一）公共信息服务理论的源流 ……………………………（32）
　　　　（二）公共信息服务实践的演进 ……………………………（35）

三、公共信息服务标准建设的经验借鉴 …………………………（39）
　　（一）公共信息服务标准建设情况及特征分析 ……………（39）
　　（二）公共体育信息服务标准的早期探索及体系构建原则……（46）

第三章　我国公共体育信息服务的公众需求与政府供给 ………（52）

一、公共体育信息服务的公众需求 ………………………………（52）
　　（一）公众对公共体育信息服务传播渠道的需求 ……………（53）
　　（二）公众对公共体育信息服务功能的需求 …………………（57）
二、公共体育信息服务的政府供给 ………………………………（61）
　　（一）公共体育信息服务的供给主体 …………………………（62）
　　（二）公共体育信息服务的传播渠道 …………………………（64）
　　（三）公共体育信息服务的功能 ………………………………（65）
　　（四）公共体育信息服务的信息内容 …………………………（69）
三、公共体育信息服务的公众满意度 ……………………………（84）
　　（一）公众对公共体育信息服务的整体满意度 ………………（85）
　　（二）公共体育信息服务的影响因素与公众整体满意度 ……（86）
　　（三）公共体育信息服务整体满意度的影响因素 ……………（88）

第四章　我国公共体育信息服务标准体系构建 …………………（91）

一、公共体育信息服务标准体系需求 ……………………………（92）
　　（一）服务人员标准需求 ………………………………………（93）
　　（二）信息内容标准需求 ………………………………………（94）
　　（三）服务媒介标准需求 ………………………………………（95）
　　（四）服务效果评价需求 ………………………………………（96）
二、公共体育信息服务标准体系构建 ……………………………（97）
　　（一）供给标准体系构建 ………………………………………（99）

（二）保障标准体系构建 ……………………………………（101）
　　（三）评价标准体系构建 ……………………………………（107）
三、公共体育信息服务标准体系优化 ……………………………（111）
　　（一）公共体育信息服务标准体系指标筛选 ………………（111）
　　（二）公共体育信息服务标准体系指标权重确定 …………（114）

第五章　我国公共体育服务体系示范区的实证分析 …………（128）

一、公共体育服务体系示范区场地设施信息服务分析 …………（128）
　　（一）定量指标无量纲化处理 ………………………………（129）
　　（二）江苏省13市场地设施信息标准测算结果与分析 ……（131）
二、公共体育服务体系示范区体育活动信息服务分析 …………（134）
　　（一）定量指标无量纲化处理 ………………………………（134）
　　（二）江苏省13市体育活动信息标准测算结果与分析 ……（135）
三、公共体育服务体系示范区健身指导信息服务分析 …………（138）
　　（一）定量指标无量纲化处理 ………………………………（139）
　　（二）江苏省13市健身指导信息标准测算结果与分析 ……（140）

后　记 ………………………………………………………………（144）

第一章 导 论

一、研究背景与意义

（一）研究背景

公共体育服务是一项造福社会的体育民生工程，其发展与人民生活息息相关。"十一五"时期，公共体育服务逐渐兴起。2006年，国家体育总局发布的《体育事业"十一五"规划》中提出："明确政府在发展体育事业中的基本责任，强化政府的政策规划和公共服务职能。"2010年，《政府工作报告》提出："大力发展公共体育事业，广泛开展全民健身运动，提高人民的身体素质。"2011年，国家体育总局发布《体育事业发展"十二五"规划》中明确提出加快完善公共体育服务体系建设。《国务院关于加快发展体育产业促进体育消费的若干意见》中提出，将全民健身上升为国家战略，把增强人民体质、提高健康水平作为根本目标。加快推进公共体育服务体系建设，充分发挥体育的综合功能和多元社会价值，满足社会公众多样化的体育需求，使公众享受到体育健身带来的健康和快乐，提升群众的幸福指数，对于推动经济社会转型升级、全面实现小康社会、构建社会主义和谐社会、实现中华民族伟大复兴的中国梦意义重大。

公共体育信息服务是公共体育服务的重要组成部分，政府为满足社会公众的信息需求，通过信息服务向公众提供相关公共体育服务的产品或服务。公共体育信息服务就像是搭建在公众与政府之间的桥梁，是公众认识公共体育服务的一个连接点，也是政府向社会公众提供和展示公共体育服务的重要渠道，为公共体育服务的信息传播奠定了坚实的基础，从而使人民能够共享公共体育服务的发展成果。政府是公共信息主要的生产者，提供高质量的公共体育信息服务是政府的重要职能。在《体育事业发展"十二五"规划》中又提出："推进体育信息化建设。充分认识信息化建设对体育发展的作用，进一步整合体育信息资源，拓宽采集渠道，加强信息服务，推进体育信息化建设。搭建体育资源网络信息平台，实现体育信息资源共享，推进体育行政管理和体育项目管理的信息化，加强体育赛事信息管理系统开发和体育场馆信息化建设。"[1]

我国公共体育信息服务发展水平不高，其规划存在一定的缺陷，供需矛盾比较突出。囿于现今信息化建设规划、理论、实践的局限性，以及对信息服务规划中的多学科相互融合、综合应用认识方面的局限性，公共体育信息服务标准体系建设方面不免缺乏一定高度、深度和广度的科学系统架构。公共体育信息服务是一个复杂而巨大的系统工程，缺少有效的标准进行管理和约束，会导致城乡和地区发展失衡，信息服务机构各自为政、各行其是，形成部门间、行业间的信息壁垒，阻碍信息传递与共享。

社会不断发展，公众信息需求不断增加，对公共体育信息服务的要求也越来越高。如何满足公众的信息需求、提供优质高效的公共体育信息服务是当今政府面临的重要课题。建立公共体育信息服务标准体系，有利于实现政府公共体育信息服务规范化和有序化供给，从根本上减少并解决公共体育服务市场发展存在的问题，监督并督促我国公共体育服务主体自觉提高信息质量，保障服务水平，维护市场秩序和环境，保证人民共享公共体育服务资源及改革发展成果。我国公共体育服务发展还处于初级阶段，无论从宏观还是微观层面都存在一定问题。随着与体育行政部门的接触越来越多，以及多地政府和公众的调研和访谈，我们感受到公共体育信息服务在实践方面急需清晰的理论来指引方向。公共体育信息服务是一个包含多方面、多层次内容的复合概念，其本质是体系结构的变化，是体系结构由简单到复杂、由低级到高级的结构变化过程。因此，任何一个单一的指标都难以全面反映公共体育信息服务整体发展的水平，必须通过系列指标构成体系对信息服务发展的整个过程进行全方位测量，这也促使"公共体育信息服务标准体系研究"成为本书的选题。

（二）研究意义

公共体育信息服务标准体系研究不仅可以丰富公共体育服务在信息管理领域的理论与实践内容，而且有助于拓展信息服务在我国公共体育服务体系中的实际应用，为建立系统化、多元化、多层次的公共体育服务体系提供帮助。从

---

[1] 资料来源：体育事业发展"十二五"规划[EB/OL].［2019-05-07］. https://www.sport.gov.cn/n4/n123/c212286/content.html.

学理层面深度剖析公共体育信息服务的规律，揭示其在内容构建、实施与运行过程中的原理，不仅对我国公共体育信息服务体系发展建设具有普遍的科学价值和指导意义，而且对提升我国公共体育服务体系核心竞争力具有重要战略意义。对公共体育信息服务标准体系的研究，可以建立一个规范的标准，一定程度上可以消除政府各部门在提供公共体育信息服务过程中无序和混乱的现状，节约社会资源，提高服务效率；体现社会公正和公平，减少社会矛盾，维护社会稳定，提高公众满意度，为公共体育服务均等化提供保障；标准体系的构建可以促使政府不断审视公共体育信息服务的实践工作，并通过更加有效的方式和方法，推进公共体育服务在区域之间、群体之间的协调发展。

1. 公共体育信息服务标准体系建设保证人们能够共享改革发展成果

公共体育信息服务标准体系建设，是要让社会公众都能够接收到公共体育服务信息，让公共体育服务真正惠及社会每一阶层和空间。从这种意义上来讲，"共享发展"是公共体育信息服务标准体系建设的价值取向。"共享发展"是我国五大发展理念之一，共享是中国特色社会主义的本质要求。必须坚持发展为人民、发展依靠人民、发展成果由人民共享，作为更有效的制度安排，使全体人民在共建共享发展中有更多获得感，增强发展动力，增进人民团结，朝着共同富裕方向稳步前进。共享社会发展成果是中国特色社会主义存在的基础。

"共享发展"依据"共享伦理"价值体系，以"共享"为核心价值取向，将"共享"视为美德，以最大限度共享社会资源和发展成果为准则，使社会公民最大限度获取社会资源，分享社会发展成果。在社会主义国家，平等享有与个人社会贡献相匹配的社会资源和发展成果是公民的基本权利。确保发展成果为公众共享是推进公共体育服务不可推卸的责任和义务。分配正义是"共享发展"的实质，要求社会资源和发展成果在共享上最大限度地体现公正。我们倡导"共享发展"理念，是要维护公共体育信息服务发展成果或资源分配的公正公平，保证人们能够切实共享公共体育信息服务的发展成果，这是推动公共体育信息服务"共享发展"的最终目的。

2. 公共体育信息服务标准体系建设是为了实现公共体育信息服务的全覆盖

从宏观层面来看，在"共享发展"理念下，公共体育信息服务的供给就是促进信息资源和发展成果在社会中共享，从而实现公共体育信息服务资源对社会公众的全覆盖，让公共体育信息服务的发展成果惠及社会公众。基于这种价值取向的公共体育信息服务标准体系建设，不仅应该体现在"共享发展"的标准政策制定上，而且应该体现在"共享发展"标准的操作和落实上。近年来，我国政府非常重视公共服务的标准化，公共体育信息服务的标准建设是公共体育服务体系建设重点关注的一个方面。2016年4月7日，国家体育总局在江苏常州召开了全国基本公共体育服务体系建设现场推进会，刘鹏指出："十三五"基本公共体育服务体系建设要以增强人民体质、提高人民健康水平为根本目标，实现基本公共体育服务均等化、标准化，推进基本公共体育服务供给多元化和法制化。我国社会存在较大的收入差距，在基本公共服务方面，机会不均问题比较显著，公共体育信息服务的标准建设，应该充分考虑我国国情，最大限度确保人人享有公共体育服务信息，从而实现公共体育信息服务的全覆盖。

从微观层面来看，应以"共享发展"的价值取向来审视公共体育信息服务的问题。标准体系建设实质，就是要在掌握公众实际需求的前提下，通过全国、省、自治区、直辖市、示范区等公共体育信息服务的内容、功能、评价指标等方面的标准建立和实施，使各省之间、城市之间、县区之间在提供公共体育信息服务的同时减少甚至消除差异，让处于不同阶层、不同空间的社会公众，无论经济收入、教育程度、财政实力等都能享受到同等水平的公共体育信息服务。公众的信息需求多种多样，在公共体育信息服务的初级阶段，公众对公共体育信息服务的认识还不够深刻，其信息需求表达不准确，服务的供给不能使每一位社会公众的信息需求都得到满足，所以，我们只能在尽可能了解公众普遍需求的前提下，结合公共体育信息服务供给侧改革，构建标准体系，提高服务供给水平与质量，使社会公众能够共享公共体育信息服务发展成果或资源。

二、文献综述

（一）国外相关研究综述

1. 关于公共服务的研究

从国外的研究现状来看，公共服务的概念来源于社会学理论。19世纪后半叶，德国社会政策学派杰出代表瓦格纳在强调财政的社会政策作用时，提及公共服务。他认为政府除了维护市场经济正常运作的作用外，还应负担社会文化、福利的作用，而且考虑到国家及其他消费所需的支出，必须筹划国家需要支付的工资及薪俸，即直接用于公共服务的部分或为了获得其他财物而必须筹措的部分[1]。

1912年，法国公法学大师莱昂·狄骥在现代公法中明确提出了"公共服务"的概念，即任何因其与社会团结的实现与促进不可分割，而必须由政府来加以规范和控制的活动，就是一项公共服务，只要它具有除非通过政府干预，否则便不能得到保障的特征[2]。从概念的起源来看，公共服务与国家政府之间的关系密切，公共服务是政府必须承担的职能和义务，需要政府行使公共权力，并提供社会所需的公共产品。公共产品的概念最早在1919年由瑞典经济学家林达尔提出。1954年，美国经济学家萨缪尔森在《公共支出的纯理论》一文中对公共产品进行了精确的定义：公共产品是指那些个人消费等于集体消费的物品[3]。

美国经济学家布坎南认为，纯粹的公共产品是极少的，很少有物品能满足纯公共产品的条件。一些产品介于私人产品和公共产品之间，具有有限的竞争性和局部排他性[4]。埃莉诺·奥斯特罗姆认为，在一个自然的或人造的资源系统中，当系统足够大，足以使那些排斥使用资源而获取收益的潜在受益者成本变得非常高时，"拥挤效应"和"过度使用"的问题就会长期存在，然而纯粹的公共产品中却不存在这些问题[5]。

根据联合国政府职能分类体系，政府公共服务主要包括普通公共服务与公共安全、社会公共服务、经济服务等。公共服务必须具备"公共属性"，公共服务只有具有公共权力的政府才能够提供[6]。安格斯莱恩在对公共服务概念的讨论中，认为公共服务不同于私有服务，它是多种多样而不是完全一样的，认为公共服务可以分为刑事司法和紧急服务、住房和邮政服务、中央政府部门服务、海关税务服务4类[7]。

---

[1] 毛连程.西方财政思想史[M].北京：经济科学出版社，2003：123.

[2] 狄骥著.公法的变迁：法律与国家[M].郑戈，冷静，译.辽宁：春风文艺出版社，1999：446.

[3] Samuelson P A.The pure theory of public expenditure[J]. The Review of Economics and Statistics, 1954, 36(4): 387-389.

[4] James M Buchanan. An economic theory of clubs[J]. Economica, New Series, 1965, 32(125): 1-14.

[5] 埃莉诺·奥斯特罗姆.公共事务的治理之道：集体行动制度的演进[M].余逊达，陈旭东，译.上海：上海三联书店，2000：52-56.

[6] Riccardo Fiorito, Tryphon Kollintzas. Public goods, merit goods, and the relation between private and government consumption[J]. European Economic Rewiew, 2004, 48(6): 1367-1398.

[7] Laing A. Marketing in the public sector: Towards a typology of public services[J]. Marketing Theory, 2003, 3(4): 427-445.

马斯格雷夫依据公共产品所具有的非竞争性和非排他性,认为公共服务如果让私人来供给,则一定损失其福利和效率,所以公共服务需要由政府供给[1]。

从新公共服务理论角度来看,政府是人民的政府,应当为公民提供服务,而不是掌舵,公民参与公共服务的提供可以分担政府的责任。新公共管理的"掌舵而非划桨"原则被新公共服务的"服务而非掌舵"的价值观取代,未来的公共服务该以公民对话协商和公共利益为基础,二者是紧密结合在一起的[2]。

埃伯斯等结合公共服务渠道类型和渠道模式提出了一个公共服务模型,阐述了公众采用多种渠道与政府部门进行互动的过程,为提高政府部门与公众互动的效率和有效性做出了贡献[3]。彼得森等认为,为不同接收目的的公众提供特定的公共服务,并不是简单增加服务渠道,而是要将这些渠道进行某种程度的整合才可以满足公众不同的接收目的[4]。

在美国,公共服务以公众为中心。政府通过电子政务为公众、企业、其他政府机构和公务员提供更好的服务。"第一政府"门户网站集中了众多的各地、各级政府的在线服务链接,并且将这些服务依据主题分类,使公众能够方便、快速地找到所需的服务站点并完成事务。据统计,美国联邦政府为公众提供的常用电子政务公共服务项目有100多种,大致可分为14类:家庭与社区、旅游与休闲、福利与拨款、政府活动、医疗与保健、教育与就业、交通及交通工具、移民与出入境、参政议政、知识产权、消费者、环境与能源、投资与税收、邮政,并为儿童、父母、老年人、军人和在国外的美国人5类公众提供专门的信息和服务。欧盟十分重视加强面向公众和企业的服务,稳步协调推进各成员国公共服务在线化。各成员国共同确定了20项基本的公共服务,其中12项面向公众,另外8项面向企业。并为这些公共服务设置了4个阶段以评估其在线化进展。这4个阶段依次为:在线提供信息、单向在线服务、双向互动式服务和完全在线化服务[5]。

---

[1] Musgrave R A. The voluntary exchange theory of public economy [J]. The Quarterly Journal of Economics, 1939, 53 (2): 213-237.

[2] Janet V. Denhardt, Robert B. Denhardt, The new public service, serving, not steering [M]. M.E. Sharpe Press, 2003: 25-44.

[3] Ebbers W E, Pieterson W J, Noordman H N. Electronic Government: Rethinking channel management strategies [J]. Journal of Government Information, 2008, 25 (2): 181-201.

[4] Pieterson W, Jan D V. Governmental service channel positioning: History and strategies for the future [J]. Globalisation Societies and Education, 2006 (9): 4-8.

[5] 国家信息化工作办公室政策规划组. 国家信息化发展战略学习读本 [M]. 北京:电子工业出版社, 2007: 78-80.

英国公共体育服务供给体系以一种简单、协调的方式将政策制定人、供给人、参与人等联系在一起，以社区的需求为基础，确保了公共体育政策制定和公共体育服务供给。英国的公共体育服务供给体系主要包括国家层面的伙伴、区域层面的伙伴、郡体育伙伴、社区体育网络、从事公共体育服务供给的人和体育参与者[1]。

2. 关于信息服务的研究

国外对信息服务的研究比较分散，多集中于对信息化建设、信息需求的研究。

（1）信息化建设

目前，公共服务已经成为许多国家政府的重要工作之一。美国、欧盟、日本的信息化走在世界的前列，其信息化发展的战略思路对政府公共服务工作具有良好的推动作用[2]。

美国信息化建设：美国是世界上最早开始推行信息化建设的国家。20世纪90年代初，美国开始实施信息化发展战略，将其作为国家总体发展战略的重点。美国政府负责制定信息基础设施、电子政务等方面的发展战略，主要包括《国家信息基础设施：行动纲领》《全球电子商务框架》《全球信息基础设施：合作纲领》《电子政务战略》等，建设重点逐渐从基础设施建设转变为服务开发及对新技术的应用，并强调政府、企业和学术界的合作。

欧盟信息化建设：欧盟信息化建设可以追溯到20世纪80年代中期，欧共体加强信息技术研究行动，直到20世纪90年代才提出较为全面的信息社会政策。1993年12月，欧盟委员会发表了《增长、竞争力和就业：21世纪的挑战和道路》白皮书，把能否建立信息社会看作21世纪欧洲生死攸关的问题。该白皮书是欧洲建立信息社会的基础。此后，欧盟根据实际建设情况推出了一系列信息化战略及实施计划，包括《通往信息社会的欧洲之路》《里斯本战略》《电子欧洲2002行动计划》《电子欧洲2003行动计划》《电子欧洲2005行动计划》等。

日本信息化建设：日本在推进信息化建设的过程中大致遵循以下发展思

---

[1] 陈丛刊，卢文云，陈宁. 英国公共体育服务供给体系建设的经验与启示[J]. 成都体育学院学报，2012，37（1）：28-32.

[2] 国家信息化工作办公室政策规划组. 国家信息化发展战略学习读本[M]. 北京：电子工业出版社，2007：13-18.

路，通过IT技术革命促进经济的恢复；信息化建设以企业为主体，政府及公共团体分工明确；以政府为主导，推动社会信息化建设；电子政务建设不应只停留在网上办公，而应进行中长期投资，以达到进一步提高效率、减轻国民和企业负担，向公众提供全天候服务的目的；积极发展电子商务；提高国民的创新能力，培养一批高水准的信息技术专业人才。

日本在制定信息化战略规划时，通常是先出台战略，再出台短期规划和具体实施方案，根据具体实施情况，修正并出台新战略及短期规划等。到目前为止，日本信息化战略共分三个阶段：第一阶段是2001—2002年，主要进行信息基础设施建设，提出了日本要力争在5年内成为世界上最先进的IT国家目标，重点在基础设施建设。第二阶段是2003—2005年，侧重IT的有效利用，战略文件包括《电子日本战略Ⅱ》《电子日本重点计划2003》《电子日本重点计划2004》。信息基础建设基本完成，重点是推进信息技术应用，以建立健康、方便的信息社会为主要目标。第三阶段是2006年以后，侧重社会结构变革，战略文件主要是最新的《IT新改革战略》，重点是用户导向、强化竞争力和通过信息通信技术进行社会结构改革。在新的阶段，重点是努力促进光纤网的建设完善，促进电子政务的发展，建设完善信息化基础要素，全球推广日本的技术、产品、标准等。

（2）信息需求

从20世纪40年代开始，国外学者分别对不同领域学者和学生的信息需求和信息行为进行了研究。

马吉德等对信息需求、查寻行为方面进行了研究，主要对象是马来西亚的农业科学家，他们获取信息的主要渠道和方式是期刊和评论文章[1]。福尔斯特对信息需求特征进行了研究，认为社会学家较重视期刊，主要通过引文跟踪获得信息[2]。埃利斯等对信息来源进行研究，发现期刊是化学家们满足信息需求的主要渠道[3]。泽格恩的研究发现，社会科学家主要依靠非正式的交流渠道获

---

[1] Majid S, Anwar M A, Eisenschitz T S. Information needs and information seeking behavior of agricultural scientists in Malaysia [J]. Library & Information Science Research, 2000, 22 (2): 145-163.

[2] Folster M B. Information seeking patterns: Social sciences [J]. Reference Librarian, 1995, (49/50): 83-93.

[3] Ellis D, Cox D, Hall K. A Comparison of the information seeking patterns of researchers in the physical and social sciences [J]. Journal of Documentation, 1993, 49 (4): 356-369.

取信息[1]。泰勒等对新生的信息需求研究发现,由于缺乏对图书馆设备的使用技巧和方法,新生在使用图书馆设备搜寻信息时常常会感到焦虑,因此,基本的图书馆设备使用技巧、和谐的环境、信息查询实践指导等可以帮助他们更加顺利地获得所需信息[2]。

一些学者针对普通大众进行了研究。赫斯伯格的研究认为,流浪汉的信息需求主要包括就业、教育、住房、健康、交通等[3]。在信息需求的结构和模型研究方面,埃里克森对1965—2003年俄罗斯和立陶宛的公众信息需求进行分析研究,发现伯恩施泰因从问题解决视角提出的信息需求结构[4]如图1-1所示。

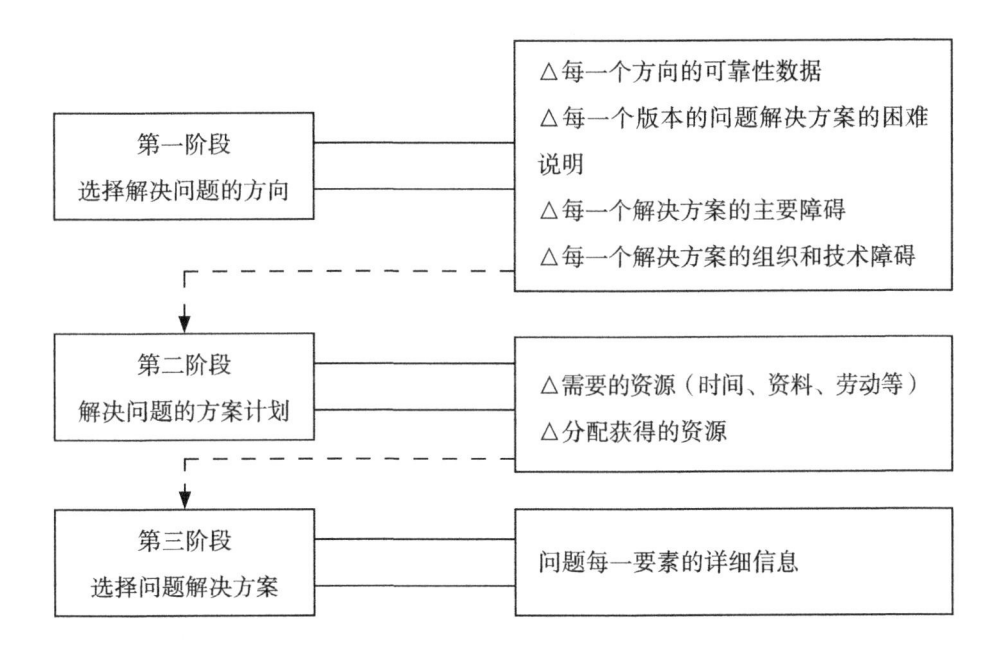

图1-1 伯恩施泰因的信息需求结构

---

[1] Seggern M V. Scientists, information seeking, and reference services [J]. Reference Librarian, 1995 (49/50): 95-104.

[2] Tyler J K, Switzer J H. Meeting the information needs of nursing students: A library instruction module for a nursing research class [J]. Medical Reference Services Quarterly, 1991, 10 (3): 39-44.

[3] Hersberger J. The homeless and information needs and services [J]. Reference & User Services Quarterly, 2005, 44 (3): 199-202.

[4] Macevi E. Information needs research in Russia and Lithuania, 1965-2003 [J]. Information Research, 2006, 11 (3): 256.

坎登斯从过程视角提出信息需求模型。开始阶段的信息需求较为模糊，在发展过程中，逐渐形成和表达需求，最后，通过信息服务机构使信息需求得以满足（图1-2）。

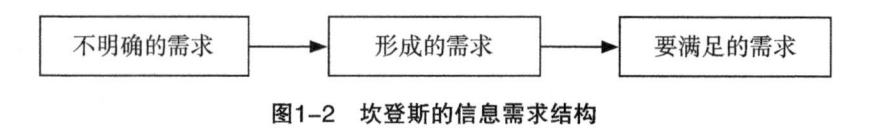

图1-2 坎登斯的信息需求结构

谢胡恩的信息需求结构分为个人、群组、社会、通用四个部分，相互关系如图1-3所示。

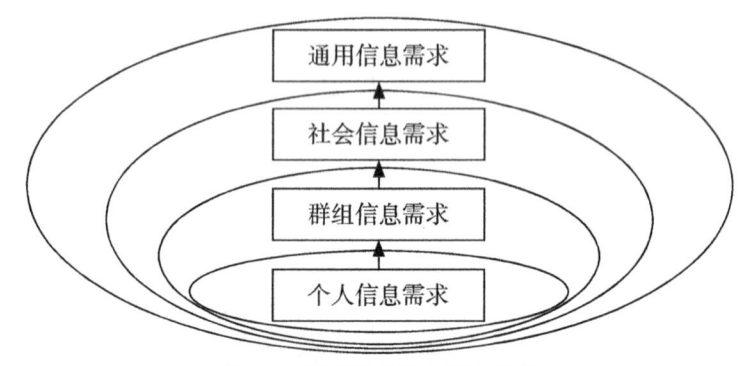

图1-3 谢胡恩的信息需求结构

在信息需求影响因素研究方面，马塞拉、巴克斯特的调查显示，社会阶层、状态对信息需求和查询行为有一定影响，而且是多方面的[1]。特定社会阶层的用户对公共图书馆提供的信息资源未能进行有效的利用。艾伦通过试验来研究不同学科背景用户的信息需求，发现学科背景可能会使人们对主题的理解和对这些主题的信息需求产生影响[2]。但是，对于人们的背景将怎样影响他们信息需求的表达还无法通过机制进行准确的预测。

3. 关于标准的研究

美国是世界上标准化事业发展最早的国家之一。早在1898年就成立了美国

---

[1] Marcella R, Baxter G. The impact of social class and status on citizenship information need: The results of two national surveys in the UK [J]. Journal of Information Science, 2000, 26（4）: 239-254.

[2] Bryce A. The effect of academic background on statements of information need [J]. Library Quarterly, 1990, 60（2）: 120-138.

试验与材料协会（ASTM），也是世界上最早的团体标准化组织。美国标准体系实际上包括自愿性标准、政府（采购）标准和法规两个部分，两部分各成体系，即自愿性标准体系和强制性技术法规［政府（采购）标准和法规］体系。美国标准分为两种，第一种是标准，即按照标准协商一致原则，通过批准的公正程序和规则制定出来的文件。第二种是临时标准，即为了满足在紧急情况下较快颁布的需求，在有限的时间内出版的文件。这种临时标准只经过了有关委员会的某个分支，没有经过充分协商[1]。

"公民宪章"运动是20世纪90年代英国政府改革的一项重要措施，要求政府根据公众需求确定公共服务的评价标准，并保证公共服务的发展水平和质量。"公民宪章"明确地界定了实施改革的范围，即在中央政府和地方政府部门、司法系统、国有事业单位、国有企业，尤其是垄断性国有企业范围内必须实行。中央政府要求所有范围内的单位必须遵循六项原则：制定明确、清晰的服务标准；信息和公开性；选择性和协商；礼貌和便民；及时纠错；追求资金使用价值。梅杰政府要求相关的部门和单位设计出明确的服务质量标准，并进行公开，做出承诺，接受社会公众的监督；如果违背承诺，须给予相关人一定的赔偿[2]。

20世纪70年代以来，欧洲各国开始意识到这一问题的严重性，并且意识到标准可以加速共同市场的步伐。为此，欧洲标准制定者决定将各个成员国独立的标准体系整合为欧洲标准，并且制定了协调的欧洲标准来替代数以千计的不同的国家标准。这些标准涉及质量保证、环境标准及产品标准等多个方面。欧洲标准的制定程序如下：首先，欧盟委托或指定标准化机构制定相应的协调标准，即欧洲标准。其次，各成员国的标准化机构将欧洲标准转换为各自的国家标准，需要说明的是，欧洲标准及转换成的各成员国标准都是自愿的，允许企业自由选用。尽管如此，标准在统一市场方面仍然发挥了很重要的作用[3]。

国外实行市场经济体制的国家中，标准制定发布机构一般是非政府性质的民间组织，这也在组织机构上表明了标准的自愿性。例如，美国联邦政府委托民间私营的非营利机构——美国国家标准学会（ANSI），作为美国自愿性标准体系管理和协调机构，组织协调国家标准的制定、修订工作，批准国家标准，建

---

[1] 李凤云.美国标准化调研报告（上）[J].冶金标准化与质量，2004，42（3）：27-30.
[2] 赵京国.英国"公民宪章"运动对我国推行行政服务标准化的启示[J].湖北函授大学学报，2014，27（7）：84-85.
[3] 徐克悦.欧盟标准化体制评介[J].中国标准化，2001（5）：56.

立国家标准体系，代表美国组织协调参与国际标准化活动。英国有英国标准学会（BSI），德国有德国标准化学会（DIN），法国有法国标准化协会（AFNOR）。美国、英国、德国、法国等发达国家的自愿性标准体系虽然各具特色，但是标准体系基本上由国家标准、协会标准和企业标准三层次标准组成[1]。

（二）国内相关研究综述

1. 关于公共体育信息服务概念的研究

信息服务的含义主要有以下三种理解[2]。第一种，将信息服务看作信息服务业的构成。信息服务是产业活动，应包括与产业发展相关的行业。所以，信息服务[3]可以看作以信息为内容的服务业务，服务对象可以看作对服务具有客观需求的社会主体，主要为社会组织和社会成员等。第二种，将信息服务看作一项社会活动。其中，信息服务主要是传播与提供信息的劳动，指专职信息服务机构根据公众的信息需求，将加工好的信息产品准确传递给公众的活动，也可以称为信息提供服务。第三种，将信息服务看作系统运行的过程，指信息收集、信息加工、信息整理、信息利用的一系列过程环节的集合。

从信息服务的含义来讲，虽然人们对信息服务的解释不一致，然而对其本质问题的认识却是相同的，区别仅在于对信息服务纵向上的业务环节存在广义与狭义的划分，对横向上的信息行业的服务业务分类存在差异。关于这些问题的某些不同见解，并不影响对信息服务性质及规律的共性研究。因此，对信息服务的界定至少应该包含两点[4]：第一，信息服务是一项社会化活动，是一个创造价值的劳动过程。第二，信息服务是专职从事信息采集、加工并提供服务的活动，即以提供信息内容为主的服务（排除信息应用技术服务）。实现的手段可以是有偿的，也可以是无偿的。因此，涵盖公益性和商业性两个方面的信息服务活动。综上，信息服务可以看作专职信息服务机构根据公众信息需求，以信息技术为手段提供以信息内容为主的社会化服务的一切活动。

公共体育信息服务是公共体育服务的组成部分，根据学者们对公共体育服

---

[1] 邢造宇.国外标准制度的特点与思考[J].中国标准化，2007（11）：31-32.
[2] 齐虹.信息中介规则——信息服务原理研究[M].北京：中央编译出版社，2012：31-33.
[3] 胡昌平，黄晓梅，贾君枝.信息服务管理[M].北京：科学出版社，2003：3.
[4] 齐虹.信息中介规则——信息服务原理研究[M].北京：中央编译出版社，2012：33-34.

务的研究，我们可以推导出公共体育信息服务的概念。

闵健等认为公共体育服务中含有"实物形态"的体育产品和"非实物形态"的体育劳务，两者相结合构成了体育服务，向社会公众提供体育服务可以满足其欣赏和健身需求，所以他们认为公共体育服务就是公共体育组织和公共体育服务人员为社会公众的体育活动提供体育产品和体育劳务[1]。

肖林鹏等认为公共体育服务的上位概念是公共体育。公共体育服务的供给主体是以政府为主的公共组织，提供公共体育服务是政府的职责，受益者是全体公众，公共体育服务就是指公共组织为满足公共体育需要而提供的公共物品或混合物品[2]。

戴永冠等将公共体育服务理解为一种职能，认为公共体育服务是政府或非政府组织在供给人民共同消费或享用的体育产品或体育服务的过程中所承担的职能[3]。

郁昌店等认为公共体育服务外延包含公共体育设施服务、公共体育教育服务、公共体育指导服务、国民体质监测服务、公共体育制度服务、公共体育信息服务、奥运（全运）争光服务等[4]。适合引入市场化的公共体育服务领域主要是公共体育场馆服务、公共体育设施服务、国民体质监测服务和公共体育信息服务等[5]。

张新萍认为公共体育服务包含公共体育设施服务、公共体育教育服务、公共体育指导服务、国民体质监测服务、公共体育制度服务、公共体育信息服务、奥运（全运）争光服务等内容[6]。

陈永新认为体育公共信息服务是以政府为主、体育类企业和第三部门为辅的多元化供给主体，以公共的需求为导向，借助现代通信、网络和计算机技术等手段和工具，构建体育公共信息服务资源整合平台，对体育公共服务资源进

---

[1] 闵健，李万来，刘青. 公共体育管理概论[M]. 北京：北京体育大学出版社，2005：162.

[2] 肖林鹏，李宗浩，杨晓晨. 公共体育服务概念及其理论分析[J]. 天津体育学院学报，2007，22（2）：97-101.

[3] 戴永冠，林伟红. 公共体育服务概念、结构及人本思想[J]. 武汉体育学院学报，2012，46（10）：5-10.

[4] 郁昌店，肖林鹏，李宗浩，等. 我国公共体育服务发展述评[J]. 体育学刊，2009，16（6）：20-24.

[5] 唐立慧，郁昌店，肖林鹏. 我国公共体育服务的市场化改革研究[J]. 西安体育学院学报，2010，27（3）：257-261.

[6] 张新萍. 实现农民工体育权利的制约因素与对策思考——基于法社会学的视角[J]. 天津体育学院学报，2011，26（5）：412-416.

行整合、开发、利用，充分实现资源共享，通过建立完善的绩效评估与监督机制，提高体育公共服务质量的一种信息化服务体系[1]。

毛传海认为体育公共信息服务是指以合作为基础，强调政府的服务性，强调公民的权利，为了让所有市场参与者都能够获得体育及相关信息，利用各种现有手段，向参与者提供表现各种相互联系的体育运动现象和规律的特征性内容等体育公共资源的有偿或无偿服务[2]。

公共体育服务是社会经济水平发展到一定阶段的产物，它的发展伴随着我国政治和经济体制改革，政府职能转变，并建立在一系列体育政策和发展战略的基础之上。综合学者们的观点可以看出，公共体育服务是一种供给过程，它以政府为主导，向公众提供公共体育服务的产品或劳务，从而满足公众的公共体育需求。所以，本书认为公共体育服务是政府为满足社会公众的公共体育需求，向其提供公共体育产品或服务的实践活动的总称。

根据公共体育服务的定义，我们可以推导出公共体育信息服务的定义。学者们对公共体育信息服务的概念的界定虽然不完全一致，但是对于其需求导向、资源共享、传播媒介等方面内容已经有了基本的共识。公共体育信息服务是公共体育服务的组成部分，它以政府为主导，通过现代通信、网络和计算机等技术手段和工具开展各种信息服务活动，向社会公众传达公共体育服务的相关信息，使公众能够共享信息资源，从而最大限度地满足公众的信息需求[3]。

2. 关于公共体育信息服务分类及内容的研究

从信息用户和社会信息源与信息流的综合利用角度看，社会化信息服务包括信息的资源开发、传递与交流、加工与发布、提供与利用、用户信息活动组织与保障等服务[4]。

现代信息服务内涵丰富，各种信息服务相结合，共同组成了一个社会化的信息服务体系。鉴于信息服务的复杂性，服务业务可以按多种方式进行分类[5]。

按照信息传递、处理、客体类别分类：实物类信息服务主要包括材料、样品、样机等；文献类信息服务包括传统文献和电子文献；交往类信息服务包括信息发布服务等数据服务。

---

[1] 陈永新. 构建我国体育公共信息服务系统的思考 [J]. 成都体育学院学报, 2011, 37（6）: 29-32.

[2] 毛传海. 体育信息产业发展的现状与发展趋势 [J]. 改革与战略, 2006（6）: 150-154.

[3] 丁青, 王家宏, 陆柳, 等. 我国公共体育信息服务的发展现状分析及对策研究 [J]. 南京体育学院学报: 社会科学版, 2015, 29（2）: 64-69.

[4] [5] 胡昌平, 黄晓梅, 贾君枝. 信息服务管理 [M]. 北京: 科学出版社, 2003: 5-6, 9-11.

第一章 导论

按信息加工深度分类：一次服务（以原始信息为内容的服务）、二次服务（包括目录、题录、文摘、索引服务）、三次服务（在原始信息基础上的研究、综述与评价服务等）。

按服务的业务形式分类：信息传输、信息宣传、信息发布、信息检索、信息资源开发、信息系统等。

按服务手段分类：传统信息服务、电子信息服务等。

按信息服务指向范围分类：单向信息服务（指向单一用户的服务）、多向信息服务（面向众多用户的服务）。

按信息服务对象范围分类：面向内部用户的信息服务、面向外部用户的信息服务等。

"十二五"时期，公共文化体育服务供给在体育方面主要是为城乡居民参加全民健身活动提供免费指导服务。服务项目主要包括体育场馆开放和全民健身服务。基层公共体育设施建设是重点任务，大力推动公共体育设施向社会开放，健全学校等企事业单位体育设施向公众开放的管理制度。全面实施全民健身计划，健全基层全民健身组织服务体系，扶持社区体育俱乐部、青少年体育俱乐部和体育健身站（点）等建设，发展壮大社会体育指导员队伍，大力开展全民健身志愿服务活动。积极推广广播体操、工间操及其他科学有效的全民健身方法，广泛开展形式多样、面向大众的群众性体育活动。建立国家、省、市三级体质测定与运动健身指导站，普及科学健身知识，指导群众科学健身。推动落实国家体育锻炼标准，加强学生体质监测，制定残疾人体质测定标准，定期开展国民体质监测[1]。

长期以来，人们习惯上把体育分为学校体育、大众体育和竞技体育三部分。这种分法似乎已约定俗成，几乎被媒体、大众和一些专家广泛接受[2]。竞技体育的根本目的是提高运动技术、挖掘人体的潜能、创造优异成绩。大众体育或称群众体育，目的是增强人的体质，促进人们身心健康[3]。学校体育的根本目的是培养适应社会需要的、能够终身从事体育健身活动的建设者[4]。大众体育是公共服务中针对全体社会民众的体育服务。从广义上讲，大众体育是一个大型的综合体系，包括有关政策制定、体育资源配置、体育服务提供、服务效

---

[1] 国务院.关于印发国家基本公共服务体系"十二五"规划的通知：国发〔2012〕29号［A/OL］.（2012-07-19）.［2019-05-19］.http：//www.gov.cn/zhengce/content/2012-07/19/content_7224.htm.

[2] 陈小龙,张宝强.关于体育分类的思考［J］.西安体育学院学报,2005,22(6)：30-31,57.

[3] 李献祥.现代体育分类简论［J］.体育与科学,1988(4)：28-29,38.

[4] 翟华楠.《全民健身条例》对学校体育的新诉求［J］.武汉体育学院学报,2011,45(1)：46-50.

果综合评估等多个方面；从狭义上讲，大众体育是社会民众参与的体育活动，包括娱乐、保健身体、体育休闲等方面。无论是哪种大众体育活动，都是为了满足社会大众的体育需求，具有外部性，能够产生明显的公共效益，政府机构应发挥优势，科学配置和运用公共体育资源，推动大众体育的健康发展[1]。公共体育服务是我国基本公共服务体系的组成部分，主要面对全体社会公众，其根本目的在于满足公众的公共体育需求，主要体现在对健康方面的需求，大众体育与公共体育服务在根本目的和受众方面较为吻合。所以，本书对于公共体育信息服务的研究主要侧重于大众体育方面。

3. 关于公共体育信息服务存在问题的研究

2006—2020年国家信息化发展战略指出，目前我国信息化面临的问题和挑战主要是信息化意识急需加强、信息管理体制有待完善、地区发展不平衡、自主创新能力较弱、信息安全保障亟待加强、法律法规和标准建设滞后、信息化人才缺乏[2]。

体育行政部门要把工作重心转移到贯彻国家体育方针、研究体育事业发展规划、制定体育行业政策、加强管理和提供服务上来，并决定构建面向大众的多元的体育服务系统。《体育事业"十一五"规划》中提出："明确政府在发展体育事业中的基本责任、强化政府的政策规划和公共服务职能，充分调动社会各界兴办体育事业的积极性。"从这一阶段的政策方针可以看出，我国公共体育服务已经逐渐由理论研究进入了实践发展的阶段，但是由于能力有限、经验不足等客观条件的原因，公共体育服务，特别是公共体育信息服务的发展速度比较缓慢。公共体育信息服务作为公共体育服务的重要组成部分，也伴随公共体育服务的开展变化，经历着一个从无到有，从稀缺片面到多元丰富的历史过程。就目前掌握的情况来看，我国公共体育信息服务在发展过程中存在的主要问题为[3]：第一，受传统行政体制束缚，职能部门间条块分割、各自为政，普遍存在信息鸿沟现象。第二，公共体育信息服务开展主要依靠群众体育司、群众体育处、信息中心，没有专门的组织机构，缺少组织、管理、协调、开发人员和团队。第三，体育行政部门主要通过网站渠道提供公共体育信息服务，

---

[1] 杨文轩，陈琦.体育原理[M].北京：高等教育出版社，2004：98.
[2] 国家信息化工作办公室政策规划组.国家信息化发展战略学习读本[M].北京：电子工业出版社，2007：30-33.
[3] 丁青.我国公共体育信息服务的发展现状与对策研究[D].苏州：苏州大学，2014.

信息服务传播渠道相对单一。公众对网站、手机、电视电台信息传播渠道的需求较大。从信息传播渠道的供需情况来看，信息服务供给还不能很好地满足公众的信息需求。第四，体育行政部门网站的公共体育信息服务板块建设标准不一，服务内容混乱。第五，缺乏信息主动公开意识，信息内容不全面，信息公开制度和信息服务法律法规政策建设滞后。

调查发现，目前已有部分省市级政府开通了公共体育信息服务的门户网站。但是信息时滞、信息阻塞、信息过时等问题较为普遍，公共体育信息服务更是被严重边缘化。因此，建议各地区开通独立的公共体育服务网络平台，提供全方位、多角度的公共体育信息服务[1]。

4. 关于信息服务标准的研究

《"健康中国2030"规划纲要》中第二十四章"建设健康信息化服务体系"提出：第一，完善人口健康信息服务体系。建成统一权威、互联互通的人口健康信息平台，推动"互联网+健康医疗"服务，创新互联网健康医疗服务模式，持续推进覆盖全生命周期的预防、治疗、康复和自主健康管理一体化的国民健康信息服务。到2030年，实现国家、省、市、县四级人口健康信息平台互通共享、规范应用，人人拥有规范化的电子健康档案和功能完备的健康卡，远程医疗覆盖省、市、县、乡四级医疗卫生机构，全面实现人口健康信息规范管理和使用，满足个性化服务和精准化医疗的需求。第二，推进健康医疗大数据应用。加强健康医疗大数据应用体系建设，推进基于区域人口健康信息平台的医疗健康大数据开放共享、深度挖掘和广泛应用。消除数据壁垒，建立跨部门跨领域密切配合、统一归口的健康医疗数据共享机制，实现公共卫生、计划生育、医疗服务、医疗保障、药品供应、综合管理等应用信息系统数据采集、集成共享和业务协同。建立和完善全国健康医疗数据资源目录体系，全面深化健康医疗大数据在行业治理、临床和科研、公共卫生、教育培训等领域的应用，培育健康医疗大数据应用新业态。加强健康医疗大数据相关法规和标准体系建设，强化国家、区域人口健康信息工程技术能力，制定分级、分类、分域的数据应用政策规范，推进网络可信体系建设，注重内容安全、数据安全和技术安全，加强健康医疗数据安全保障和患者隐私保护。加强互联网健康服务监管[2]，

---

[1] 牟春蕾.论公共价值视野下我国公共体育服务改革取向[J].体育与科学，2014（4）：41-45，63.
[2] 中共中央国务院.印发《"健康中国2030"规划纲要》[A/OL].（2016-10-25）.[2019-06-23]. www.gov.cn/xinwen/2016-10-25/content_5124174.htm.

可以为公共体育信息服务的信息内容标准和媒介功能标准提供参考。

《国家体育总局政府信息公开办法》中对信息公开的发展规划、规章文件、工作动态、机构职能、人事管理、行政许可、执法监管、统计信息及公开方式等做了详细的阐述[1]，可以为公共体育信息服务标准体系中媒介标准的制定提供参考。

王征在《标准化基础概论》中提出了五项标准化基本原理：统一、简化、互换性、协调、阶梯。统一是标准化原理的核心，其他原理是具体形式。统一原理是科学合理的，在一定范围、程度、水平、时间内的统一。

张锡纯在《标准化系统工程》中介绍了系统科学方面的基础知识，提出了标准化工作的基本原理：统一协调、系统优化、有序化、反馈控制四大工作原理[2]。

孟侠认为标准化信息服务工作应当从网络化、系统化两方面加以规范和建设，横向联合，上下联动，建立一个区域广泛的网络系统。从信息的搜集、资源的建设开发、宏观到微观的服务、资源的整合共享上进行规划建设。这样才能使这项工作具有更强大、更旺盛的生命力，才能为社会和企业提供更准确、更有效、更及时的标准化信息服务保障[3]。

何敏仙认为，标准化信息服务范围涉及标准化工作的各个方面，主要应包括以下内容[4]。标准文献信息服务：主要包括标准（如技术标准、管理标准、工作标准等）、定期或不定期出版物（如标准化期刊、报道、年鉴等）、有关标准的法律法规、标准化管理机关的文件、标准化著作及研究报告等。标准编制过程的信息服务：标准的制定主要经历3个阶段（计划阶段、编制阶段和审批阶段）和5个工作过程（立项过程、初稿过程、征求意见稿过程、送审稿过程和报批稿过程）。因此，标准编制和出版过程的信息主要包括标准草案、标准修改和建议、意见征求稿等相关文件。标准化外部信息服务：主要包括国内外标准化发展动态，有关标准的制定修订情况及相关标准发布信息等。标准化日常工作信息服务：指日常标准化工作中的有关课题进度与计划安排、企业内部下发有关标准的通知、标准化管理部门统一规定，以及有关标准的重要事件。标

---

[1] 国家体育局.关于印发《国家体育总局政府信息公开办法》[A/OL].[2019-02-27].http：//www.sport.gov.cn/n315/n9041/n10473/c216723/content.html.

[2] 张锡纯.标准化系统工程[M].北京：北京航空航天大学出版社，1992.

[3] 孟侠.构建区域性标准化信息服务体系[J].企业标准化，2003（8）：58-59.

[4] 何敏仙.加强军工企业内部标准化信息服务能力的思考[J].航天标准化，2007（3）：35-36，38.

准贯彻实施信息：主要是产品在研制时对采用的标准提出必要的剪裁和修改的建议，重大标准实施方案，新旧标准代替等信息。标准化成果的分析和总结：主要是对各企业内部已通过检验并得到用户认可的一些产品数据信息进行总结。如各企业各个年代研制出来的通用产品，其性能指标及相关功能经过多次验证，产品转为通用件、标准件等。

沈增贵等认为现阶段我国医院信息标准化工作应坚持的原则是立足应用，服务管理、全面考虑，科学筛选、统筹安排，自成体系、适当超前，兼顾可行、急用先行、逐步完善[1]。

张先治、刘媛媛认为信息的标准化并不是指必须采取固定的数据格式，或者指标体系的表格固化。标准化的真正内涵在于通过高度统一的信息编码化和相关标准数据元的内容组合，提供一套满足管理者信息需求的、准确明白定义的、一致的内部报告信息，以用来支持决策、控制和评价职能[2]。

周俊华等对欧洲推进内河航运综合信息服务标准化进行了研究，欧洲建立起先进、完备的航运信息与技术系统及服务体系，标准体系主要由5方面构成，即术语及定义、数据分类及交换标准、信息服务规范、分系统标准、通用性标准[3]。

综上所述，国内外研究多集中于公共服务的理论研究、信息服务建设、标准研究等方面，对公共体育信息服务标准体系的研究较为零散，可参考的研究成果并不多。第一，对公共体育信息服务概念认识较模糊，对信息服务类别、范围等内容各执一词，鲜有共识；第二，对公共体育信息服务的政府供给、公众需求及满意度等情况，还没有一个较为全面、系统的认识。第三，公共体育信息服务标准体系的相关研究多集中于对信息服务的一般性介绍和描述，缺乏系统而针对性的研究，对公共体育信息服务标准体系制定、实施、监督、评价等方面研究较少。总体来看，公共体育信息服务标准体系研究具备一定的研究基础和实践经验。尽管学术界已经显现出对于公共体育服务体系的关注，研究工作也逐步走入了人们的视野，但是在公共体育信息服务标准体系研究与实践中，无论是对理论的理解与阐释，还是对信息服务实践的调查与分析，都亟待

---

[1] 沈增贵，彭达明，李大鹏，等.医院信息服务的标准化[J].医疗设备信息，2006，21（8）：71-73，75.

[2] 张先治，刘媛媛.企业内部报告框架构建研究[J].会计研究，2010（8）：28-35，95.

[3] 周俊华，罗本成，解玉玲，等.欧洲推进内河航运综合信息服务标准化及其对我国的启示[J].水运管理，2009，31（5）：22-26.

进一步探索和发现。公共体育信息服务标准体系构建必须涵盖公共体育信息服务的全过程，本研究在充分了解公众需求的基础上，从公共体育信息服务的供给、保障和评价三方面入手，对我国公共体育信息服务标准体系进行构建并实践。

三、研究思路与研究方法

（一）研究思路

本书沿着"理论研究（理论基础）——实践调查（公众需求、政府供给、公众满意度）——理论归纳（标准体系构建）——实践检验（公共体育服务体系示范区实证分析）"的研究思路展开。首先在研究导论部分解答公共体育信息服务标准体系是如何提出的；研究的意义何在；与本书相关的前期研究主要有哪些，主要结论和解决对策如何；本书的研究思路和框架；研究方法与研究对象是什么。其次在理论基础部分围绕"公共体育服务信息、传播模式、标准体系"等核心概念进行研究。主要回答以下问题：公共体育信息服务标准建设的历史演进和实践情况如何；国内外有哪些公共体育信息服务的先进经验是可以借鉴的；公共体育信息服务的早期探索有哪些及体系构建原则。再次围绕"公众需求、政府供给、公众满意度"等内容展开现状分析，回答公众对公共体育信息服务有哪些需求；政府在公共体育信息服务中扮演什么角色，主要提供哪些信息服务，以及如何提供；公众对于公共体育信息服务的满意度情况如何。最后围绕"标准体系构建、实证分析"两部分内容展开研究，理论与实践结合，建构公共体育信息服务标准体系的理论框架，结合具体标准对我国公共体育服务体系示范区公共体育信息服务情况进行实证分析。

（二）研究方法

本书采用文献资料法、调查法、系统研究法、层次分析法、模糊隶属度分析法、案例分析法等研究方法，从公共体育信息服务标准体系研究的背景、理论源流与实践演进、经验借鉴出发，在公众需求、政府供给、公众满意度现状调查与分析的基础上，基于公共体育信息服务发展的全过程和拉斯韦尔信息传播模式，结合体育行政部门的工作实际，构建我国公共体育信息服务标准体系。

第二章　公共体育信息服务标准体系理论概述

理论支撑是公共体育信息服务标准体系建立的前提，决定了公共体育信息服务标准体系的性质和发展方向。

一、概念界定与理论基础

（一）核心概念界定

1. 公共体育信息服务

从现有研究来看，研究者们对公共体育服务内容的理解和认识程度存在一定的差异。从陈振明等对保障性公共服务的分类观点来看，保障性的公共体育服务主要包括三类，即运动知识普及、公共体育设施和公众体育活动[1]。其中运动知识普及包括全民健身知识、体育锻炼标准、体质监测、体育指导员培训等；公共体育设施包括体育场馆、体育场地设施建设维护等；公众体育活动包括群众性体育运动会、大众健身活动等。肖林鹏等认为公共体育服务体系的要素取决于公共体育需求。公共体育服务体系是政府动用行政资源为满足公众的公共体育需求而提供的要素。从现代体育的概念来看，身体活动的需求不仅是体育的本质规定性所在，还是所有公民的公共体育需求所在，更是公共体育需求区别于其他公共需求的特征所在。公共体育需求是分层次的，在满足一级需求的过程中，公众必然要有配套的体育组织、体育信息、体育设施场馆、公共体育科学指导等需求，这些需求可称为二级需求。在满足公众二级需求的过程中，又必须通过必要的政策法规、监督反馈、绩效评价等条件予以保障和维持，这些可称为三级需求。这样一来，以公众的健身活动需求为核心，构成了

---

[1] 陈振明.公共服务导论[M].北京：北京大学出版社，2011：70.

"波纹状"的层层外推的公共体育需求结构[1]。

基于较为普遍的认识，并从目前我国公共体育服务供给来看，公共体育服务内容主要包括健身指导服务、场地设施服务、健身组织服务、体质监测服务、体育信息服务。根据目前公共体育信息服务的政府供给和公众需求实际，本书主要针对体育场地设施、体育活动和健身指导等方面的信息服务进行研究。

2. 传播模式

在日常生活中，只要我们对某一结构或过程进行系统的思考或想将某一结构、过程说得具体一点，说得简单明了，即为使用一种模式。1952年，德慈曾在美国《民意季刊》上发表了一篇文章《论社会科学中的传播模式》，认为模式就是"一种符号结构和运作规则。"《比较政治学》的作者比尔和哈德格雷夫对模式下了定义，认为模式就是一种理论化与简化的对真实世界的说明，是一种与实体或预期实体相类似的结构。模式本身并非一种解说的设计，但在理论的形成中扮演着极其重要的角色。模式常常一跃而成为理论，因而一种模式事实上常被认为是一种理论。

模式是一种选择，一种抽象的形式，将选择和抽象化后的各点纳入模式，可以使模式具有适切性的判断含义，进而涵盖所模拟事物的理论。邵培仁对传播模式的定义是对传播过程内在机制与外部联系的直观描述，也可以看作从特定角度来解决问题的思维方法[2]。信息传播模式的应用在于强调或突出在信息传播过程中某些重要的或关键的点，参照相应信息传播模式可以使我们以简化的方式认识和说明信息服务的整个过程。

3. 标准体系

我国国家标准GB/T 20000.1—2002修改采用了ISO/IEC Guide 2：1996的定义，标准是为了在一定范围内得到最佳秩序，经协商一致制定，公认机构批准，共同使用或重复使用的规范性文件[3]。我国标准化研究起步较晚，直到20世纪80至90年代，标准化的理论研究才开始逐步兴起。国家标准GB/T 2000.1—2002修改采用《ISO/IEC指南2：2004（第八版）》的定义：标准化是为了在一

---

[1] 肖林鹏,李宗浩,杨晓晨.我国公共体育服务体系概念开发及其结构探讨[J].天津体育学院学报,2007,22(6):4.

[2] 邵培仁.传播学[M].北京：高等教育出版社,2000:128.

[3] 全国服务标准化技术委员会.服务业标准化[M].北京：中国标准出版社,2013:6.

定范围内获得最佳秩序，对现实问题或潜在问题制定共同使用和重复使用条款的活动，标准化是一项活动、一个过程，包括标准的制定、发布、实施，以及标准制定前的研究和标准实施后的修订等[1]。

标准体系指在一定范围内，标准按其内在联系形成的科学、有机整体[2]。第一，"一定范围"指适用范围，也是标准化系统能发挥作用的有效范围，指国家、行业、企业、区域或其他特定系统标准化的范围。第二，内在联系指组成标准体系子体系或标准间相互支撑与作用关系，包括3种形式。系统联系：各分系统之间及分系统和子系统之间存在既相互依赖又相互制约的联系。结构联系：分两方面，即上下层次和左右之间联系。上下层次联系指上层标准指导下层标准，下层标准补充上层标准，即共性和个性的关系。左右之间联系是标准门类之间相互统一协调、衔接配套的联系，标准制定时要考虑左右标准的协调统一。功能联系：即标准使用和应用方面的联系和配合。第三，在标准体系中，各标准间相互联系、补充，并形成科学、统一的整体。标准体系的效应不仅包括体系中各项标准直接产生的效应，而且包括各项标准集合在一起所发挥的整体协同作用，标准化的实践层面则更重视整体协同效应。

我们对公共体育信息服务标准体系的研究，主要针对公共体育信息服务的国家标准，期望能够为我国公共体育信息服务标准体系构建提供参考。

（二）理论基础

1. 新公共服务理论

新公共服务理论以人民为核心，以民主社会公民权、社区与公民社会、组织人本主义及后现代公共行政为基础。

21世纪初，登哈特夫妇等对新公共管理理论进行反思，提出新公共服务理论。该理论对新公共管理范式中难以解决的公共利益问题、人本问题、公平价值问题、民主问题在理论上进行了改进与创新。新公共服务理论认为公共服务是指"关于治理体系中公共行政官员角色的一系列思想，而且这种治理体系将公

---

[1] 田晓明，钮雪林，江波，等.综合标准化与公共服务提升——来自苏州市的创新实践[M].苏州：苏州大学出版社，2015：69.

[2] 上海质量和标准化研究院.公共服务标准化理论与实务[M].北京：中国质检出版社，2015：56-57.

民置于中心位置。对公务员来说，重要的是利用基于价值的共同领导来帮助公民明确表达和满足其共同利益，而不是试图控制或掌控社会新的发展方向。"[1] 新公共服务理论建构于基本理论之上，主要内容如下。服务于公民，不是顾客：公共利益可以通过共同利益对话获得，而不是个人自身利益的聚集。政府不但要关注公众的需求，而且应在公众间建立良性的合作关系。追求公共利益：政府应帮助社会树立集体公共利益的价值观念。不但要找到个人选择驱动的方案，更要建立共同的利益与责任。重视公民权胜过企业家精神：政府工作人员要努力为公众做出贡献，这比具有企业家精神的管理者更能促进公共利益。思考应具有战略性，行动应具有民主性：与公共需求相关的政策可以通过集体的努力与相互合作更有效地实施。责任不简单：政府工作人员不但要关注市场，还要关注宪法、法令、公民利益价值观等。服务，而不是掌舵：政府工作人员应帮助公众明确表达和满足其利益需求，而不是控制社会的发展。重视人而不只是生产率：公共组织应基于对公众的尊重并通过合作的方式来工作，这样更有可能成功。

新公共服务理论倡导的公共服务理念正逐渐被现代民主国家认可并推行，成为各民主国家政府的目标导向与价值诉求。在民主社会里，应重点关注民主价值观。未来的公共体育信息服务将以公民对话协商、公共利益为基础，与后两者充分结合。公共管理者在进行公共管理时，应承担起为公众服务的责任，建立科学系统的公共服务体系，满足公众的公共服务需求。这些可以为我们研究以公众为中心的公共体育信息服务标准体系提供理论支撑。

2. 信息化理论

"信息化"一词最早于20世纪60年代出现在日本的学术文献中，"信息化"概念主要从产业角度进行阐述和界定[2]。日本信息化指数模型从社会信息流量和能力等方面反映社会信息化程度，并根据综合的社会统计数据构建测度模型。社会信息化指数法从社会信息能力角度来测算社会经济信息化程度，由信息量、信息装备率、通信主体水平、信息系数4个主要因素及11个小变量组成[3]。信息量指数主要有：人均年通话次数、人均年使用函次数、每万人书籍销售网点

---

[1] 珍妮特·V.登哈特, 罗伯特·B.登哈特. 新公共服务：服务，而不是掌舵[M]. 丁煌, 译. 北京：中国人民大学出版社, 2010：5.
[2] 杨晓宏, 梁丽. 全面解读教育信息化电化教育研究[J]. 电化教育研究, 2005（1）：27-33.
[3] 郑腾锐. 初步分析《国家信息化指标构成方案》[J]. 情报科学, 2003（1）：100-102.

数、每百人报纸期刊数。信息装备率主要有：每百人电视机数、每万人计算机数、每百人电话机数。通信主体水平指数有：第二产业就业百分比、每百人在校大学生数。信息系数有：个人消费中杂费百分比（减去衣食住的支出）。

1997年，我国国务院信息化工作领导小组在全国信息化工作会议上对国家信息化进行定义：在国家统一规划组织下，在工业、农业、国防、科技、社会生活等方面运用信息技术，深入开发，利用信息资源，加速实现现代化进程。信息化体系框架包括信息资源、信息技术应用、国家信息网络、信息技术与产业、政策法规和标准、信息化人才六个方面。2001年7月，国家信息产业部公布了《国家信息化指标构成方案》，这是全球第一个由国家制定的信息化标准[1]，如表2-1所示。

表2-1 国家信息化指标构成方案

序号	指标名称	指标单位	资料来源
1	每千人广播电视播出时间	小时/千人	广电总局资料统计
2	人均宽带拥有量	千比特/人	信息产业部资料统计
3	人均电话通话次数	通话总次数/人	信息产业部、统计局资料统计
4	长途光缆长度	芯长公里	信息产业部、统计局资料统计
5	微波占有信道数	微波公里	信息产业部、统计局资料统计
6	卫星站点数	卫星站点	广电总局、信息产业部、统计局资料统计
7	每百人拥有电话主线数	主线总数/百人	信息产业部资料统计
8	每千人有线电视台数	线电视台数/千人	广电总局、统计局资料统计
9	每百万人互联网用户数	互联网用户人数/百万人	CNNIC统计局资料统计
10	每千人有计算机数	计算机数/千人	统计局住户抽样数据资料统计
11	每百户拥有电视机数	电视机数/百户	统计局住户抽样资料统计
12	网络资源数据库总容量	吉（G）	在线填报
13	电子商务交易额	亿元	抽样调查
14	企业IT类固定投资占同期固定资产的比重	百分比	抽样调查
15	信息产业增加值占GDP比重	百分比	统计局资料统计

---

[1] 郑腾锐.初步分析《国家信息化指标构成方案》[J].情报科学，2003（1）：100-102.

(续表)

序号	指标名称	指标单位	资料来源
16	信息产业对GDP增长的直接贡献率	百分比	统计局资料统计
17	信息产业研究与开发经费支出占全国研究与开发经费支出总额的比重	百分比	科技部、统计局资料统计
18	信息产业基础设施建设投资占全部基础设施建设投资比重	百分比	信息产业部、广电总局、统计局资料统计
19	每千人中大学毕业生比重	大专毕业文凭数/总人口数	统计局资料统计
20	信息指数	百分比	统计局资料统计

成都市经济信息中心联合课题组根据国家信息化体系提出六要素：信息化政策法规和标准、信息资源、信息技术和产业、信息技术应用、国家信息网络、信息化人才。借鉴其他城市的先进经验，根据城乡发展实际，对现有社会信息化水平评价方法进行改进，最终形成城乡一体化信息服务体系发展水平指标体系。城乡一体化信息服务体系发展水平评价指标体系分两级，由17个指标组成，涉及信息化基础设施、信息化发展环境、信息技术应用和信息产业发展四个层次[1]。

城乡信息化基础设施指标：每百户计算机拥有量、每万人城域网带宽、每百人固定电话拥有量、信息行业固定资产投资占同期固定资产投资比重、每百户彩色电视机拥有量、每百人移动电话拥有量。

城乡信息化发展环境指标：人均GDP、每万人在校大学生人数、第三产业从业人数占社会从业人员总数比重、政策法规完善度、城乡收入水平、城乡人均储蓄。

城乡信息技术应用指标：每万人互联网用户数、人均信息消费、政府网上公共服务绩效、电子商务基础设施。

信息产业发展指标：信息产业增加值占GDP的比重。

---

[1] 成都市信息化办公室，成都市经济信息中心联合课题组. 城乡一体化信息服务体系建设与发展战略研究 [M]. 成都：四川科学技术出版社，2008：59-60.

3. 综合标准化方法论

综合标准化方法论[1]有三块理论基石，即目标导向、系统分析和整体协调。

（1）目标导向

综合标准化将标准化对象及相关要素看作整体，综合标准化的目标是从整体效果最佳出发确定的。为提出并确定整体最佳目标，通常要对整体进行系统分析，全面权衡，分析论证，选出最佳方案。必要时建立数学模型，进行量化比较研究，使用最佳化方法与技术，使目标起导向作用，是让目标的指向性、针对性在标准化过程中为活动提供引导。目标既是标准化的起点，又是标准化的归宿，伴随标准化的整个过程。

（2）系统分析

系统分析属于系统工程方法。把问题视为一个系统，并对系统各要素进行分析，找出解决问题的方案。系统分析以整体系统为研究对象，与综合标准化的对象一致。以系统整体效益为目标，寻找解决问题的最佳方案，为决策提供判断依据。进行系统分析时，需要有选择地利用系统分析方法与工具，如构思方法、评价方法等，根据问题提出解决方案，通过定性和定量分析，提供有效信息，为系统决策服务，最大限度地减少决策失误。

（3）整体协调

协调的实质是优化，协调是方法，优化是目的。从系统整体出发，运用系统优化方法，综合掌握系统内部及外部环境间关系，使系统达到最佳状态。第一，应树立科学的整体观，将标准化对象与影响因素看作一个整体，分析确定内外部因素的性质和作用，依据影响因素制定标准。第二，为实现整体最佳状态，应依据总目标要求协调标准，在标准间建立联系，如系统间层次联系、系统各组成部分参数变量与系统特定功能间关系等。建立相互作用、依赖的联系，最终形成有机整体。

三块理论基石为综合标准化方法论发展奠定了基础，是有着内在联系的有机整体，相互渗透和补充。在公共体育信息服务标准体系研究中，需要理解、

---

[1] 李春田. 现代标准化方法——综合标准化［M］. 北京：中国质检出版社，中国标准出版社，2011：28-33.

把握、运用好这三块基石,做好公共体育信息服务标准体系构建工作。

4. 传播模式

国内被引用最多的传播模式是拉斯韦尔的传播模式。大家普遍认为拉斯韦尔是最早提出传播模式的人。但是认真追溯,拉斯维尔的传播模式并不是最早的。两千多年前,亚里士多德在修辞学中提出了传播的三种成分,可以说是一种传播模式的体现。传播模式主要有以下几种。

(1) 亚里士多德的传播模式

亚里士多德没有明确提出传播模式,只是在修辞学中让人关注传播的三种组成部分:说话的人、所说的话、听众。在亚里士多德那个年代,没有大众传播媒介,只通过口头进行传播。说话的人是信息的来源,所说的话是信息,听众是信息接收者。这种传播模式包括了传播的主要成分,但是无法全面代表信息传播的整个过程。

(2) 申农的传播模式

1947年,申农在亚里士多德的传播成分思想基础上提出了传播模式。申农将信息传播概括为5个成分:信息来源、传送器、信号、接收器、目的地。其中信息来源于说话的人,传送器是信息传送的渠道,信号是信息的内容,接收器是信息接收的工具,目的地是听众。这种模式基本上涵盖了信息传播的整个过程。

(3) 拉斯韦尔的传播模式

拉斯韦尔的信息传播模式[1]是国内较常引用的一种信息传播模式。他用一句通俗的话说明了信息传播模式——谁,说了什么,通过什么渠道,对谁说,产生了什么效果。拉斯韦尔的信息传播模式中,"谁"代表了信息来源,"说了什么"代表了信息,"通过什么渠道"代表了传播媒介,"对谁说"代表了受众,"产生了什么效果"代表了信息传播效果,如图2-1所示。拉斯韦尔的信息传播模式主要关注信息转播的各要点,基本上包括了信息传播过程的相关要点。

---

[1] 哈罗德·拉斯韦尔.社会传播的结构与功能 [M].北京:中国传媒大学出版社,2013.

图2-1 拉斯韦尔信息传播要点

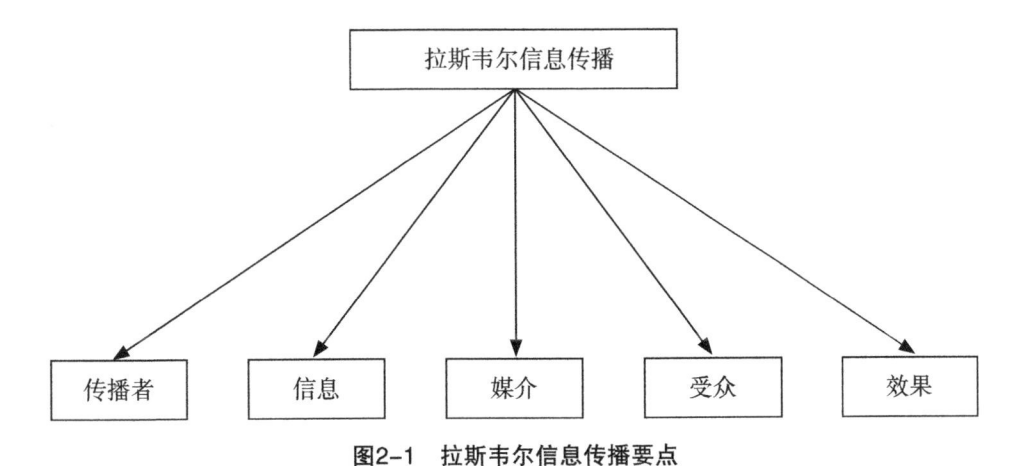

（4）申农-韦弗的数学传播模式

在数学传播理论中，申农和韦弗提出的传播概念图促使许多其他传播过程模式产生，如图2-2所示。

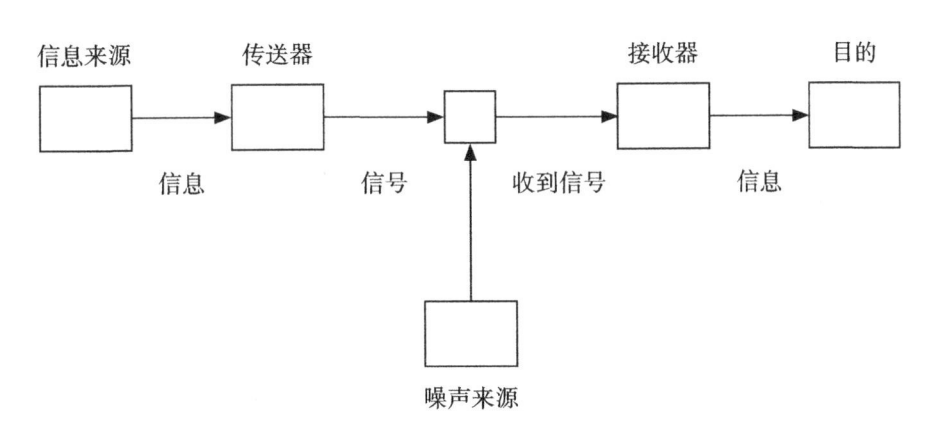

图2-2 申农-韦弗数学传播模式

在这个模式里，信息来源产生信息，并传播出去。信息可能由语言、文字或者图像等东西构成。渠道即媒介，将信号通过传送器传送到接收器。接收器将信号重新组合成信息，并将信息传送给人或物。

（5）奥斯古德传播模式

奥斯古德的传播模式是从意义理论和心理语言程序得来的。奥斯古德认为，申农-韦弗的传播模式是应用在工程问题上的，并非针对人类传播行为。一个人兼具来源与目的功能，也兼具传送器和接收器的功能，编码的信息可以看作一连串回馈心理的过程。每个人在社会上都相当于申农-韦弗传播模式的完整传播体系，可以看作一个"传播单位"。任何恰当的传播模式，必须至少包含两个传播单位：来源单位，即说话的人；目的单位，即听话的人。在任何两个传播单位间，将它们连接成一个单一体系的，即信息。

（6）施拉姆传播模式

施拉姆的传播模式是从简单的人类传播模式，进展到考量两个个体以累积经验试着相互沟通的比较复杂的传播模式，又进展到考量两人间交互作用的人类传播模式。

施拉姆传播模式（一）（图2-3）与申农的传播模式相似，施拉姆只是简化为信息来源到编码到信号，再由信号到解码再到目的。将传送器改为编码，将接收器改为解码。说明施拉姆的传播观念并不完全赞同申农的看法。

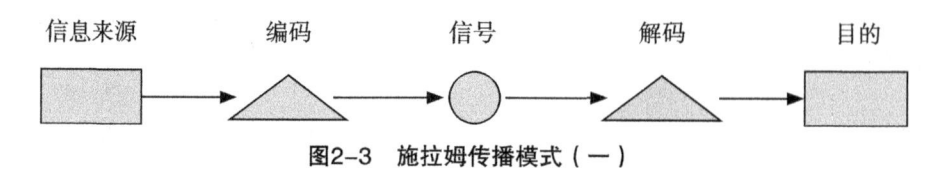

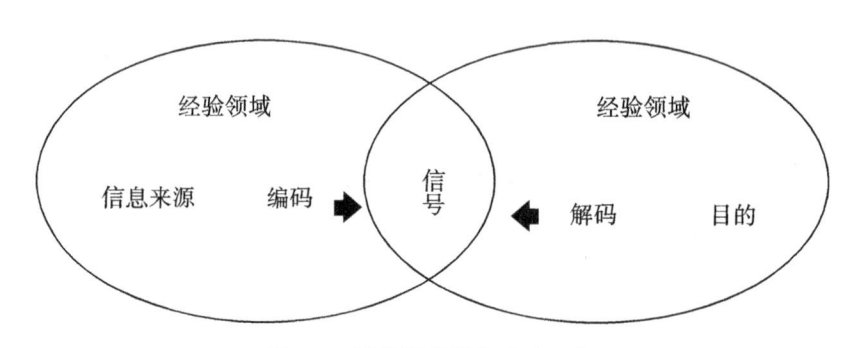

图2-3 施拉姆传播模式（一）

施拉姆传播模式（二）（图2-4）认为，只有在信息来源和目的经验领域中共享的部分才能实现实际的信息传播，因为只有那一部分才是信息来源和目的所共有的。两个圆圈重叠的部分才是可以传播的部分。

图2-4 施拉姆传播模式（二）

施拉姆传播模式（三）（图2-5）说明传播是双方的交互作用。每一个大圆圈都包含"编码""解读""解码"，将一个小圆圈的"信息"传递出去，再接收另一个小圆圈的"信息"。四个圆圈共同构成了一个循环系统。

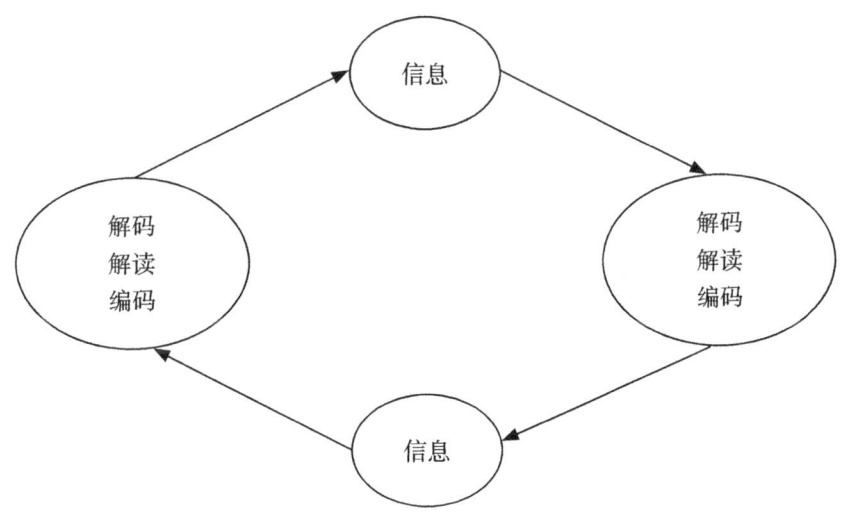

图2-5　施拉姆传播模式（三）

（7）贝楼的传播过程模式

贝楼的信息传播过程模式主要强调信息传播的过程。他认为过程是指任何随时不断变化的现象，任何继续的运作或处理。过程无始无终，也无固定的事物结果。过程中的组成分子交互作用，一个成分影响所有其他成分。贝楼的传播过程模式由六部分组成：传播来源、编码、信息、渠道、解码、传播接收者。传播来源、编码、解码、接收者不可分割，是行为的名称，是信息传播必须有的行为，可以是实体或人物。信息传播的成分及过程的组成部分不可分割。

传播模式是对客观事物内外部机制的直观的、简洁的描述，是理论的简化形式，它可以将客观事物的整体信息提供给我们。传播模式是我们理解和认识公共体育信息服务应借助的理论。

信息服务涉及多层次、多方面的内容。信息传播模式的应用，在于强调或突出信息传播过程中某些重要或关键的点。参照相应的信息传播模式可以使我们以更简化的方式认识和说明信息服务的整个过程。在传播学研究中，美国学者拉斯韦尔的"五W"信息传播模式几乎涵盖了信息传播过程的基本内容，对基本的传播现象进行了归纳和总结，并为传播学研究范围的确立奠定了基础。拉斯韦尔的信息传播模式意义显著，简单明了，将焦点集中在信息传播的各个要点上，基本上囊括了传播过程的各关键点。所以，我们以拉斯韦尔信息传播模式为基础，主要对公共体育信息服务过程中信息传播的五个部分，即信息、媒介、信息服务人员、受众、传播效果，进行标准体系的构建研究。

二、公共信息服务的源流与演进

信息服务是各种服务主体为满足用户的信息需求,通过多种途径和方法,收集、获取、加工、传播信息的活动。公共信息是纯公共物品,政府必须提供这类服务,以突破纯公共物品资源供给不足的困境[1]。公共信息服务是对公共政策制定、公共利益、公共事务管理活动、管理制度执行与安排等信息进行开放和开发服务的过程[2]。公共信息服务的思想源远流长,可以追溯至我国的商周时期和西方的古希腊时期。

(一)公共信息服务理论的源流

1. 国外公共信息服务理论的源流

古希腊时期,亚里士多德指出:行政人员应具有专业知识和经验,其任用要尽可能公开,使大众均有受任机会[3]。伯里克利认为,城邦是向世界开放的,尽管仅有少数人制定政策,但所有人都可以评论它[4]。从他们的言论中可以看出信息公开、政策公开的思想。古罗马共和国时期,西塞罗在其《法律篇》中阐述了公共信息服务的思想,认为"在人民集会上,应把有待解决的问题告知人民,并允许其他官吏和公民私人告知人民。如果法律从来没有实际防止贿赂,那么还是让人民以无记名投票来维护他们的自由吧。但是由于有规定,这些选票要公开并主动向最佳和最显要的公民展现。[5]"中世纪时期,政治思想家托马斯·阿奎那关于人法特点的讨论表达了公共信息服务的思想,认为"人法的第三个特点,像我们已经指出的那样,在于它应该有市民社会的统治者来加以颁布。"[6]

近代思想家们在其著作和话语表达中有许多关于公共信息服务的理论。托马斯·霍布斯在《论公民》中阐述了公共信息服务信息收集与传输服务的思想

---

[1] 邓集文.当代中国政府公共信息服务研究[M].北京:中国政法大学出版社,2010:16-17.
[2] 冯惠玲,周毅.论公共信息服务体系的构建[J].情报理论与实践,2010,33(7):6,26-30.
[3] 亚里士多德.政治学[M].吴寿彭,译.北京:商务印书馆,1965:216.
[4] 卡尔·波普尔.开放社会及其敌人:第一卷[M].陆衡,等,译.中国社会科学出版社,1999:344.
[5] 西塞罗.国家篇法律篇[M].沈叔平,苏力,译.北京:商务印书馆,1999:228-244.
[6] 托马斯·阿奎那.阿奎那政治著作选[M].马清槐,译.北京:商务印书馆,1963:117.

观点。他认为，国防的第一需要是有人搜集情报，对国家所有危害者的计划和动向尽可能地预先发出警告。可靠的情报人员对于行使主权的人来说，就好比光线对于人的心灵，更准确地说，就好比政治视觉[1]。思想家洛克在其著作中阐述了公共信息服务的理论，政府所有权力，是为社会谋幸福的，不应专断，而应根据相关法律来行使[2]。边沁强调公共管理的一个普遍原则，即透明公开，认为公务收费和政府账目都以最容易获得的形式被公开刊登，而不是通过含糊的语言或者特殊的象形文字呈现[3]。

18世纪的唯物主义哲学家霍尔巴赫在《自然政治论》中阐述了公共信息服务信息收集的思想：国王应当了解人民的愿望，为了使国王了解人民的愿望、了解人民的需要、了解人民的苦难，就必须给人民设置某种机构，以便向国王转达人民的正当要求[4]。康德对于公共权力的分析体现了对公共信息服务的诠释：全部法律需要普遍公布，国家执行权力应任命官吏对民众解释规章制度[5]。托马斯·杰斐逊对公共信息服务进行了描述：政府的基础是人民舆论，首先应保证舆论正确，为防止人民做不当的事情，应努力使报纸进入千家万户，通过报纸让他们了解国家大事[6]。马克思主义创始人将公开性的实现看作区分无产阶级民主制和资产阶级官僚制的重要特征之一。马克思在《法兰西内战》中称赞巴黎公社实行的公开性原则，认为公社不像旧政府那样自诩不犯错，将自己的言行公布出来，把自己的缺点公之于众[7]。

很多现当代思想家对公共信息服务理论进行了阐述。阿克顿从保障公众权利的视角阐述公共信息服务理论：对保障我们义务的权利的关注远甚于对保障我们娱乐权利的关注。应当保障权利并公布于众，通过一个完整系统的政体制度才能保障权利[8]。列宁曾指出苏维埃政权同旧政权的区别：此政权对大家公开，办理一切事情都不应回避群众，而应使群众容易接近[9]。科恩在对民主治理条件的论述中，认为民主国家不能满足于信息采集和发布方式，必须不断扶植报道与

---

[1] 霍布斯.论公民[M].应星，等，译.贵州人民出版社，2003：135.
[2] 洛克.政府论：下篇[M].叶启芳，瞿菊农，译.北京：商务印书馆，1964：86.
[3] 边沁.政府片论[M].沈叔平，译.北京：商务印书馆，1995：228.
[4] 霍尔巴赫.自然政治论[M].陈太先，眭茂，译.北京：商务印书馆，1994：108.
[5] 康德.法的形而上学原理——权利的科学[M].沈叔平，译.北京：商务印书馆，1991：136-144.
[6] 托马斯·杰斐逊.杰斐逊选集[M].朱曾汶，译.北京：商务印书馆，1999：389.
[7] 马克思恩格斯选集：第三卷[M].北京：人民出版社，1995：65.
[8] 阿克顿.自由与权力[M].侯建，范亚峰，译.北京：商务印书馆，2001：331.
[9] 列宁全集：第12卷[M].北京：人民出版社，1987：287.

编辑信息的机构,大力开辟信息渠道,使民主信息能够畅通无阻[1]。尼斯坎南认为,信息服务是政府传统功能[2]。德巴什阐述了行政机构信息公开的必要,认为信息公开能够使行政机构免于犯纯技术性的错误。信息公开性是一种认识行政现实的手段,有助于行政机构的公正廉洁,并维持与公众的关系[3]。

2. 国内公共信息服务理论的源流

康有为认为:"政府管理人员应由人民公选,其职号有差,无爵位之殊,应按照人民意愿和少数服从多数原则办事。"[4]孙中山的民权主义中蕴含了信息公开的思想,在《孙中山选集》中写道,"今者由平民革命以建国民政府。凡为国民皆平等以有参政权。大总统由国民公举。议会以国民公举之议员构成之,制定中华民国宪法,人人共守。敢有帝制自为者,天下共击之!"[5]选举官吏时,孙中山主张公正、公开、公平。

随着中国共产党的发展与进步,公共信息服务理论被提出并不断发展和完善。1926年,中央制定《农民政纲》,提出推翻农村劣绅政权,创设条件让农民参与县政府。政府应公开、公正、民主[6]。1948年,周恩来在《老区半老区的土地改革与整党工作》讲话中提到信息公开,认为任何问题公之于众总是有好处的。不仅要公开正确的政策,让群众拥护、齐心来做,而且要公开错误的政策,以得到群众的监督[7]。

中华人民共和国成立以后,党的十三大报告到十八大报告中蕴含了政府公共信息服务的思想。2000年,十五届中央纪委第五次全会中提出:"在继续抓好村务公开、乡(镇)政权机关政务公开和厂务公开的同时,要在县级政权机关全面推行政务公开。"[8]2003年,十六届中纪委第二次全会指出:"抓好乡(镇)和县级政务公开的规范和提高,在市(地)级行政机关推行政务公开,医院、学校和其他与群众利益密切相关的公用事业单位都要实行办事公开制度。"[9]

---

[1]科恩.论民主[M].聂崇信,朱秀贤,译.北京:商务印书馆,1988:163.

[2]威廉姆·A.尼斯坎南.官僚制与公共经济学[M].中国青年出版社,2004:209.

[3]夏尔·德巴什.行政科学[M].葛智强,施雪华,译.上海:上海译文出版社,2000:602.

[4]胡仙芝.政务公开与政治发展研究[M].北京:中国经济出版社,2005:49.

[5]孙中山选集[M].北京:人民出版社,1981:78.

[6]胡仙芝.政务公开与政治发展研究[M].北京:中国经济出版社,2005:53.

[7]周恩来统一战线文选[M].北京:人民出版社,1984:328.

[8]中共中央文献研究室.十五大以来重要文献选编(中)[M].北京:人民出版社,2001:1543.

[9]中共中央纪委办公厅.政务公开[M].北京:中国方正出版社,2004:14-15.

（二）公共信息服务实践的演进

公共信息服务经历了一个产生与发展的演变过程。在古代奴隶社会、封建社会、近代资本主义社会，政治以执行社会职能为根本，政治统治通过执行社会职能来维系[1]。现代社会，政府公共服务职能日益凸显，公共信息服务获得了很大的发展空间，并在政府的大力推动下不断提升与完善。

1. 国外公共信息服务实践的演进

在古代，交通系统是其生存的基础。公共邮政制度是苏末和阿卡德帝国政府组织的组成部分。类似组织在全世界统一的国家里基本都能看到。印卡人曾利用公路将他们的征服地连成一体，一条消息能在短短几天之内跨越一千里，从库斯科传达到基托[2]。这些邮驿系统起初主要用于国家通信，传递信息。

在古希腊时期，全体公民均可参与政治，实行信息公开制度。全体公民均有机会当选公众法庭陪审团成员，群众决议在一定意义上可以取代法律，一切事情均由公民大会的群众决定。古希腊有一次著名的口头新闻传播：公元前490年，波斯帝国侵犯希腊城邦，在雅典的马拉松平原登陆。希腊人通过顽强反击，以弱胜强，取得了战争的胜利。士兵菲迪皮茨奉命从40多公里外的马拉松战场跑回雅典传达胜利的消息，他向中央广场的人群大喊："我们胜利了，雅典得救了。"[3]这种口头传递信息可看作是古希腊时期公共信息服务的实践。雅典时期，主席团会公布议事的书面通告、日常事务程序及开会的地点，向公众提供会议的书面通告[4]。罗马时期，通过手写方式传播信息，通过公告发布公共服务信息[5]。中世纪时期，执政官员由全体公民公开选举。总督收发信件或礼物，要有指定人员进行检查，总督发布政令、言论，要通过各机构讨论并通过[6]。

16世纪始，印刷技术发明普及，社会对新闻信息的需求扩大，人类结束了

---

[1] 马克思恩格斯选集：第三卷[M].北京：人民出版社，1995：523.
[2] 汤因比.历史研究：下册[M].曹未风，译.上海：上海人民出版社，1964：25-26.
[3] 张昆.简明世界新闻通史[M].武汉：武汉大学出版社，1994：8.
[4] 亚里士多德.雅典政制[M].日知力野，译.北京：商务印书馆，1959：48-53.
[5] 赫·乔·韦尔斯.世界史纲：生物和人类的简明史：上卷[M].吴文藻，谢冰心，费孝通，等译.桂林：广西师范大学出版社，2001：388.
[6] 施治生，郭方主.古代民主与共和制度[M].北京：中国社会科学出版社，1998：387-408.

手书新闻时代，进入了印刷新闻时代。近代报业成为人类信息传播的主导性媒介。近代各国政府公共信息服务活动大多借助这种媒介。随着近代报刊发展，近代通讯社由此诞生。这是一种专为新闻媒介提供稿件服务的机构，与受众的关系是通过报纸、杂志、广播、电视维系的。1722年，墨西哥出现了定期发行的官办新闻出版物——《墨西哥学报》。"[1] 1780年，印度首家报纸《孟加拉公报》诞生，主要报道政治、商业消息；1822年，默罕默德·阿里创办了《柯迪士新闻》，1828年又在开罗创办了政府机关的《埃及事件报》，主要报道政府命令、公报、官方新闻；巴黎公社的官方报纸是《法兰西共和国公报》，1872年发布，主要是公社的各项重要宣言、决议、指示等，向人民报告政府工作，并主动接受群众监督。

近代通讯社出现后，许多国家政府通过官方通讯社提供公共信息服务。1888年，日本创办时事通讯社，向各报提供文书和政治消息。1915年，德国成立官方海通社，通过无线电广播对外播送消息。此外，各国政府还通过其他形式提供公共信息服务。如瑞士通过公民投票来行使主权，将政府行动进行公开讨论。瑞典最早实施信息公开制度，1766年制定《出版自由法》，法院、国会、地方公共团体的公务文书信息必须公开[2]。

现代社会，政府通过多种途径向公众提供公共信息服务。报刊依然是公共信息服务主要途径。20世纪20—40年代，广播逐渐发展成为受众获取公共信息的主要媒介。20世纪70—80年代电视逐渐成为公众获取公共信息的主要媒介。20世纪末至21世纪初，网络成为公众获取信息的主要媒介。电视是前苏联政府提供信息服务的主要媒介之一，前苏联的电视事业始于1931年。20世纪80年代，电视在前苏联新闻媒介中占主导地位，在传播公共信息方面发挥了重要作用。1927年，英国广播公司BBC成立，它实际上是国营公司，电视新闻和时事节目的传播是英国政府公共信息服务的一种行为。政府公共信息服务发展还体现在信息公开制度构建过程中。1922年，法国的邮电部成立巴黎广播电台，通过埃菲尔铁塔播出节目。1987年，电视开始成为法国人获取消息的主要渠道，法国政府主要通过电视来传输公共服务信息。美国是电视大国，电视事业以商业电视为主。政府把电视当作影响舆论的主要阵地，通过记者招待会发表讲话，向公众阐述自己的政见和政府政策，发布信息。美国也是最早将政府信息公开制度体系化的国家，1966年，美国制定了《信息自由法》，标志着世界

---

[1] 张昆.简明世界新闻通史[M].武汉：武汉大学出版社，1994：99.
[2] 邓集文.当代中国政府公共信息服务研究[M].北京：中国政法大学出版社，2010：83-85.

成文法中第一次规定了保障私人取得政府文件的权利。为了更好地运用网络为公众服务，美国国会在1996年通过了《电子信息自由法修正案》并建立了相对完善的信息公开框架体系，保障美国公民的知情权。德国广播事业开始于1923年，至20世纪70年代，前联邦德国有两个全国性的电视网，政府通过电视网来增进全国的信息交流，提供信息服务[1]。

2.国内公共信息服务实践的演进

在古代，中国各诸侯国为有效传播政治、军事、经济等公共信息，提供公共信息服务，在开辟和整修道路基础上，建立邮驿系统来提供相对高效便捷的公共信息，并通过告示、官报、榜文等媒介发布信息。据史籍记载，邮驿制度和邮驿的正式名称始于周代[2]。各国诸侯为了政治、军事需要，在交通要道上设置驿站，传递政府文书、接待来往官员。

在近代，公共信息服务可追溯到禁烟运动期间的译报活动。为探访夷情，林则徐派人搜集外国报刊，组织人员翻译，并将鸦片贸易信息提供给两广总督。翻译的内容汇集成册，成为《澳门新闻纸》，主要内容是禁烟和兵事。洪秀全建立太平天国，设立报馆，通过报纸收集民心公议，揭发坏人坏事，设立暗柜，就是现在意见箱的雏形[3]。维新运动时期，出现了自办报刊的高潮，康有为等人办报建议得到清政府采纳，1896年，成立官书局，出版《官书局报》《官书局汇报》。1901年，清政府宣布实行新政，允许朝政信息公开发布。新政之后，地方政府开始创办官报，通过官报提供公共信息服务，内容主要是公布法律、文案，大多免费发放。辛亥革命胜利后，新政权通过机关报纸发布，向公众传播公共信息。

五四运动后，中国进入现代时期。广州国民政府利用报刊向公众发布公共信息，创办《楚光日报》《汉口民国提报》报道工人运动信息。1924年，北洋政府公布了《装用广播无线电接收机暂行规则》，开始筹建广播电台。1926年，哈尔滨广播电台开始广播，这是中国政府自办的第一座广播电台，内容主要有新闻、演讲、物价信息。随后，天津、北京、沈阳相继成立广播电台，提供公共信息服务。1931年，中国共产党建立中央工农民主政府，通过红色中华通讯社和《红色中华报》提供公共信息服务，红色中华通讯社在瑞金成立，消

---

[1] 张昆.简明世界新闻通史[M].武汉：武汉大学出版社，1994：359.
[2] 孝敬一.中国传播史论[M].武汉：武汉大学出版社，2002：111.
[3] 王有光.中国近代政治思想史[M].北京：知识出版社，1993：126-141.

息内容主要为临时政府宣言、根据地信息、红军战报等[1]。1940年底，延安新华广播电台建成并开播，主要提供重要社论、各类文章、时事新闻、名人演讲、科学常识等。解放战争时期，公共信息服务主要通过广播电台和报纸，提供内容主要为军事方面的宣传报道。广播电台以延安新华广播电台为代表，报刊以《解放日报》为代表。

中华人民共和国成立以后，特别是改革开放以来，中国致力于建设服务型政府，公共信息服务获得很大的发展空间。1951年，毛泽东向各级党委、政府发出指示："重视人民通信，给人民来信以恰当的处理，满足群众正当要求，要把这件事看成是共产党人和人民政府加强与人民联系的方法。"[2]1962年，毛泽东指出："要使全党、全民团结起来，必须发扬民主，让人讲话。在党内是这样，在党外也是这样的。省委、地委、县委的同志，你们回去一定要让人讲话。"[3]毛泽东认为，要人民参与国家管理，政府必须收集公众意见，公开政府公共信息。改革开放以来，党的十三大报告指出："发扬从群众中来，到群众中去的优良传统，提高领导机关活动的开放程度，重大情况让人民知道，重大问题经人民讨论。"[4]党的十四大报告指出："领导机关和领导干部要认真听取群众意见。"[5]党的十五大报告提出："坚持公正、公平、公开的原则，直接涉及群众切身利益的部门要实行公开办事制度。"党的十六大报告提出："各级决策机关都要完善重大决策的规则和程序，建立社情民意反映制度，建立与群众利益密切相关的重大事项社会公示制度和社会听证制度，完善专家咨询制度，[6]实行决策的论证制和责任制，防止决策的随意性；认真推行政务公开制度。"[7]胡锦涛在党的十七大报告提出："推进决策科学化、民主化，完善决策信息和智力支持系统，增强决策透明度和公众参与度，制定与群众利益密切相关的法律法规，公共政策原则上要公开听取意见。"[8]党的十八大报告多次提到信息化、信息技术、信息网络等内容，高度重视公共信息服务在促进社会经济发展、全面建设小康社会和构建和谐社会中的重要作用。

[1]方汉奇，等.中国新闻传播史[M].北京：中国人民大学出版社，2002：227.
[2]毛泽东文集：第六卷[M].北京：人民出版社，1999：164.
[3]毛泽东书信选集[M].北京：人民出版社，1983：562.
[4]中共中央文献研究室编.十三大以来重要文献选编（上）[M].北京：人民出版社，1991：43.
[5]中共中央文献研究室编.十四大以来重要文献选编（上）[M].北京：人民出版社，1991：29.
[6]中共中央文献研究室编.十五大以来重要文献选编（上）[M].北京：人民出版社，2000：32-34.
[7]中共中央文献研究室编.十六大以来重要文献选编（上）[M].北京：人民出版社，2005：26-28.
[8]胡锦涛.高举中国特色社会主义伟大旗帜，为夺取全面建设小康社会新胜利而奋斗[M].北京：人民出版社，2007.

三、公共信息服务标准建设的经验借鉴

国外的信息服务标准建设起步较早，成果较全面和丰富。无论是从宏观规划的制定和实施还是微观细节可操作性而言，国外信息服务标准设计方面都有值得学习和借鉴之处。所以，我们在建立公共体育信息服务标准体系时适度超前，学习和借鉴国外信息服务标准中适合公共体育信息服务发展的内容，为公共体育信息服务标准体系建设引领方向、提供帮助。

（一）公共信息服务标准建设情况及特征分析

1. 国外公共信息服务标准

（1）电子政务信息服务标准

电子政务被定义为"利用信息和通信技术特别是互联网，作为实现更好政府的一种工具"[1]。

美国电子政务顶层设计体系即联邦企业架构（FEA），源于扎克曼创立的企业体系架构，联邦企业泛指美国联邦政府机构。FEA由美国联邦政府预算管理办公室（OMB）于2002年创立。通过相互关联，形成层次分明的五个参考模型及分块架构的构建方法，具体IT项目的投资实施等一系列要素构成。FEA将电子政务项目建设纳入制度化运行轨道，指导规范各部门电子政务活动，以期实现信息资源共享，并有效改善政府工作绩效[2]。

1993年，美国联邦预算连年超支，GDP增长率在2%以下。克林顿开展"重塑政府运动"，绩效预算再次得到了重视。1993年，议会通过《政府绩效与结果法案》，要求美国联邦政府为公民提供服务，必须推行绩效评价制度、制作战略规划。信息化建设是加速政府运作的良方。在该领域投入大量资金，然而很多类似我国电子政务暴露的问题逐渐显现，如信息孤岛、重复建设等。美国总统行政办公室、白宫管理和预算办公室、联邦首席信息官（CIO）理事会基

---

[1] G Stuies. The E-Government Imperative [J]. Organization for Economic Cooperation & Development, 2003.
[2] 刘玉琴.基于FEA模型的电子政务建设过程管理研究[D].上海：上海交通大学，2012：15.

于企业架构理论,于2002年开始开发FEA。其核心思想就是:以公民为中心,面向实效。该架构于2004年后逐渐被应用,在美国白宫网站上公布的FEA最新版本是2007年的V2.3版[1]。

FEA是由一套参考模型、一个分块架构的过程和一些方法等要素构成的[2],如图2-6所示。参考模型是FEA架构的基础,由绩效参考模型(PRM)、业务参考模型(BRM)、服务组件参考模型(SRM)、数据参考模型(DRM)、技术参考模型(TRM)五个子模型组成。五个子模型之间相辅相成,以绩效参考模型为中心,业务参考模型为主线,辅助以服务组件、技术和数据三个参考模型。

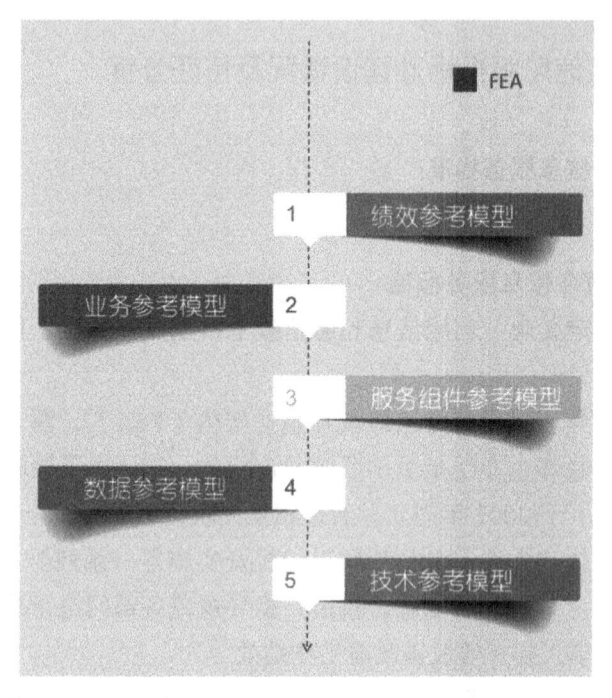

图2-6 联邦企业体系架构参考模型

绩效参考模型(PRM)是FEA中最具特色的。政府绩效的提升是联邦政府导入FEA的最终目的,PRM为电子政务建设评估提供了理论框架。PRM模型说明了电子政务建设中的投入、产出、效果间联系,并采用定量化管理方式有效地评估电子政务建设中的使命和效果、客户效果等,促使电子政务建设结

---

[1]刘玉琴.基于FEA模型的电子政务建设过程管理研究[D].上海:上海交通大学,2012:15-16.
[2]王璟璇,于施洋,杨道玲,等.电子政务顶层设计:FEA方法体系研究[J].电子政务,2011(8):21.

果可视化。定量化管理分四个层次：评估领域（Measurement Areas）、评估分类（Measurement Categories）、评估组合（Measurement Grouping）和评估指标（Measurement Indicator），前两个层次指标由FEA明确规定，评估分类随政府业务分类变化而变化，后两个层次由各政府机构根据自身业务特点、指标实际值确定。

电子政务建设的实施计划、过程及最终结果数据对提高政府职能的效果可以采用PRM参考模型中的定义方法进行定量化测定。不但可以使政府管理层清晰地认识电子政务建设成果对政府职能的影响，有序并有针对性地安排电子政务建设，还可以方便辨识横跨传统组织结构和边界的绩效改进，促进横向展开。

业务参考模型（BRM）是基础，将政府职能分为公民服务、服务交付模式、支持交付服务、政府资源管理四个部分。为了实现以公民为中心，不是以机构为中心的电子政务总体建设目标。描述政府业务时，根据业务本身需求，结合业务实施流程及组织中相关要素进行，不牵涉具体执行机构，更利于部门之间建立合作关系，避免重复投资。

服务组件参考模型（SRM）是FEA的功能性框架。共分七个服务领域，包括"客户服务域""过程自动化服务域"等，基于横向业务领域，并与具体的部门业务职能无关[1]。通过服务组件，可以快速搭建软件系统，实现业务功能或过程，完成复杂的业务流程。服务组件的运用可以有效降低电子政务构建成本，提高构建效率。

SRM内容具体、可操作性强，可以对信息服务标准建设提供相应帮助，为信息服务标准体系的内容制定提供参考。

数据参考模型（DRM）利用通用数据分类和结构达到政府机构间的信息共享，有助于实现各机构内的无缝隙连接。DRM参考BRM的业务分类方法，通过"业务关联"概念映射数据存在的真实业务环境，在跨部门间进行有效的数据交换，防止基础数据重复定义、收集、利用，提高数据利用率。

技术参考模型（TRM）[2]是关注标准、规格、具体技术的框架。由服务访问和交付、服务平台和基础设施、构件框架、服务接口和集成组成。描绘实现电子政务功能所需软硬件遵循的通用标准和规范，系统开发者可用这些标准和规范，也可根据自己特定的技术开发服务产品或系统。

FEA以业务为主要驱动力，以公共服务为导向，层次结构清晰简明，可操

---

[1] 覃正，李艳红，黄晓嘉. 中美电子政务发展报告[M]. 北京：科学出版社，2008：29.
[2] 夏凌云. FEA在电子政务绩效预算中的应用研究[D]. 上海：同济大学，2007：28.

作性强。FEA为美国联邦政府部门电子政务信息资源整合提供了可参考性的科学依据。FEA顶层设计梳理了对内业务与对外服务间的关系，根据业务和服务的需求分析，明确信息服务的发展方向，并根据应用需求，选择适合的发展方案，先进经验可为我们开展信息服务标准体系设计提供参考。

（2）数字参考咨询服务标准

数字参考咨询服务规范是结合数字化资源与服务的新特点而研究制定的关于数字参考咨询服务的服务范围、内容、方式、手段等方面的规则[1]。图书馆提供的参考咨询服务应做到及时、准确、权威。参考咨询服务规范是达到这一目的的重要保障。具体说来，数字参考咨询服务规范的重要性主要体现在以下两个方面：第一，是为用户提供知识增值的重要保障。数字参考咨询服务作为生产和交流知识的过程，需要借助一定的服务规范，引导参考咨询服务人员及时、准确地为用户提供权威的答案，实现知识的最大化增值。第二，是满足用户个性化需求的重要措施。网络用户数量众多，信息需求五花八门，满足用户的个性化需求是数字参考咨询服务必须面对的挑战。

《IFIA数字参考咨询指南》由国际图联参考咨询与信息服务委员会于2003年11月通过并在国际图联网站上正式发布，前身为"数字参考咨询最佳行为规则"。该指南已译成多种文字，对数字参考咨询工作起到了极为重要的指导作用。

《IFIA数字参考咨询指南》分两个部分：数字参考咨询服务管理和数字参考咨询工作。指南对从数字参考咨询服务宏观规划到实际工作具体实施均有所涉及，对工作细节也有具体描述，可以很好地指导工作实施。指南基本上涵盖数字参考咨询服务全貌，反映数字参考咨询服务诸多关键问题，对后续服务规范制定具有很好的借鉴作用[2]。

《虚拟参考服务实施与维护指南》由美国图书馆协会（ALA）参考与用户服务分会（RUSA）于2004年6月发布[3]。指南包括五个部分，即虚拟参考咨询服务的定义、服务的组织、对所提供服务的具体规定、服务的准备工作、用户个人隐私的保护。第三部分对用户、服务的范围、服务行为、合作式虚拟参

---

[1] 宋雅范.数字参考咨询服务标准规范研究[J].图书情报知识，2006（4）：4.
[2] 张久珍，王雪菲，孙小婷，等.国外数字参考咨询服务规范解读与启示[J].图书馆理论与实践，2011（3）：20-23.
[3] Sloan, Bernie. Electronic reference services: somesuggested guidelines [J]. Reference & User Services Quarterly, 1998, 38（1）：77-81.

考咨询提供的服务作了具体规定。第四部分从虚拟参考咨询服务整合、基础设施、人员、宣传、评估方面说明了如何进行服务的组织[1]。

《虚拟参考服务实施与维护指南》明确界定"虚拟参考咨询服务"概念。一方面指出了哪些不属于虚拟参考咨询服务范畴，即使用电子资源查询答案本身并不是虚拟参考；另一方面，说明了哪些属于虚拟参考咨询服务的范畴，即尽管电话、传真、面对面服务、日常的邮件往来不被视为虚拟方式，虚拟参考有时会以上述方式跟踪解答。《虚拟参考服务实施与维护指南》指出管理部门应当做好人员、费用资源方面准备工作，规定了不同职责的人员，包括管理部门的代表成员、提供参考咨询服务的图书馆员、目标受众的代表成员、相关的计算机技术人员应负责准备工作。对准备工作明确规定，有助于数字参考咨询服务的顺利进行和实施。从用户角度阐明了服务规范，有助于工作人员为用户提供优质适宜的服务。其主要关注虚拟咨询服务的保障和管理，如经费支持和资源保障、服务整合、评估，但未具体给出可参照的行为规范[2]。

《K-12数字参考服务信息咨询专家指南》是由美国教育部及其所属教育资源信息中心合作开发的虚拟参考咨询台（Virtual Reference Desk，VRD）项目组于1999年制定的。指南主要提出解决参考咨询问题的六个步骤——明确任务、制定和修正信息检索策略、查找和获取、评价信息转化为答复、提供答案和参考信息源指导评估。主要侧重服务问题回答流程，对流程部分的规范制定非常细致[3]。

（3）信息技术服务标准

ISO/IEC 20000标准是在国际上正式颁布的信息技术服务管理标准[4]。ISO/IEC 20000标准分为两个部分。第一部分为信息技术服务管理标准规范认证要求（ISO/IEC 20000-1 Information technology-Service management Part-1：Specification）；第二部分为信息技术服务管理最佳实践（ISO/IEC 20000-1 Information technology-Service management Part-2：Code of practice），ISO 20000标准由十部分构成。

---

[1] 江梅.RUSA虚拟参考咨询服务实施与维护指南[J].图书馆建设.2007（4）：85-87.
[2] 冯艳花.数字参考咨询指南的现状与思考[J].图书情报知识，2005（5）：55-57.
[3] 张春红，肖珑，梁南燕.虚拟参考咨询服务规范研究及其应用[J].大学图书馆学报，2000，24（2）：75.
[4]《ISO/IEC20000标准》[EB/OL]http：//baike.baidu.com/item/ISO20000标准/1779963?fr=ge_ala

2.国内公共信息服务标准

（1）电子政务信息服务标准

电子政务是国家信息化的重点工作，是深化行政管理体制改革重要措施，是支持各级党委、政协、人大、政府等履行职能的有效手段。总体来看，我国的电子政务处于初步发展阶段，存在的问题主要为：缺乏信息资源共享机制、信息服务效率低、信息化建设与应用发展不平衡、标准化建设滞后、电子政务管理运行体制不完善、缺少创新能力和动力等。

"十一五"时期，为了指导各地区推行电子政务，促进全国电子政务健康有序发展，我国出台了《国家电子政务总体框架》[1]。具体如下：第一，信息资源。信息资源是指政府在履行职能的过程中生产和使用的信息。政府部门围绕公众关心的问题，将信息及时、准确地向公众公开，保证公民权利。依托政务信息资源目录，实现信息资源共享，编制政府信息共享目录，逐步实现信息资源的按需分配。第二，基础设施。基础设施包括国家电子政务网络、信息安全基础设施、政务信息资源体系几个部分。第三，服务与应用系统。服务是电子政务的出发点。应围绕服务对象需求，选择政府业务，统筹应用系统建设，提高政府的综合服务能力。应用系统是电子政务的主要内容。应用系统主要包括财政、金融、海关、税务、农业、质量监督、社会保障、国土资源、城市管理、人事人才、新闻出版、药品监管等，这些应用可以为政府电子政务的开展提供有力的技术支撑。第四，法律法规与标准化体系。围绕信息资源开发、基础设施建设、应用系统研发等，开展电子政务工作，推动政府信息公开、信息资源共享等方面的法规建设。电子政务的标准体系建设应以国家标准为主，并发挥行业标准在应用系统研发中的作用，保证系统的互联互通。第五，管理体制。加快推进体制改革，建立与社会主义市场经济相适应的管理体制。各部门应加强管理，提高电子政务的效率。将电子政务建设与政府职能转变相结合，形成相互促进、协调发展的机制；创新发展模式，逐步形成政府主导、社会参与、多元投入的机制，提高电子政务的专业化水平；加强技术研发、提高业务水平，形成有利于信息技术创新和发展的长效机制。

---

[1]《国家电子政务总体框架》[EB/OL] https://www.mct.gov.cn/whzx/zxgz/whbwlaqhxxhgz/xxhjs_whaq/201111/t20111129_800690.htm

（2）数字参考咨询服务标准

CALIS[1]是指具有开放联合、分布式、多馆协作等性质的数字图书馆。CALIS涉及众多参与建设的图书馆和应用系统的集成。

CALIS的总体架构包括：CALIS的技术与管理总体框架、门户建设规范、基本接口规范、基本标准与规范、元数据规范等。

《技术标准与规范》主要应用于CALIS总体项目建设、子项目建设、软件开发招标、第三方软件认证等。主要用途为：指导子项目应用系统设计与开发，规范不同类型的应用系统；指导子项目资源建设，保证各参建馆统一数据质量标准资源；是高校图书馆的建设指南，保障CALIS子项目的无缝集成；规范招标项目的招标书和招标技术，支持统一的认证与调度；指导第三方应用软件商对软件系统的完善，保证软件能够无缝集成于CALIS子项目中。

（3）信息技术服务标准

信息技术服务标准主要从业务形态、产业发展、实现方式、服务管控、内容特征等方面进行规范，包括基础标准、服务管控标准、外包标准、业务标准、行业应用标准、服务对象特征、安全标准等[2]。基础标准主要说明信息技术服务的服务原理、业务分类、人员能力要求、质量评价等。业务标准包括通用要求、服务规范、实施指南等。服务管控标准是关于信息技术服务治理和管理方面的要求。行业应用标准主要是针对各行业应用的实施指南。外包标准是指对信息技术服务进行服务外包时的要求和规范。服务对象特征分为数据中心和终端。数据中心主要是对中心建设和运营制定规范，终端主要是定义分类指南。安全标准是制订事前预防、事中控制、事后审计计划及整个过程的持续改进措施。

3. 国内外信息服务标准建设特征分析

①国外对政府电子政务整体框架的构建，主要从顶层设计角度对信息服务进行规范，包含电子政务内容、功能、要求等，可操作性强。国内研究多对电子政府服务中的网上审批、行政许可进行规范，对政府部门职责、服务流程提出要求，还未从公众需求角度对信息服务标准内容进行规范。

---

[1]《CALIS》[EB/OL]http：//www.calis.edu.cn/pages/list.html?id=6e1b4169-ddf5-4c3a-841f-e74cea0579a0

[2]《信息技术服务标准体系》[EB/OL]http：//baike.baidu.com/item/ITSS/9237386?fr=ge_ala

FEA是国外电子政务组织架构的代表，对联邦政府与公民信息服务互动过程、政府信息服务功能、关键流程等方面进行了顶层设计。

我国多个行业都出台了自己的行政许可网上审批管理办法，并对政府职责、办事流程等做了具体要求。但是，由于缺乏公众需求角度的信息服务内容设计、效果评价规范等，对不同行业的信息服务标准设计存在较多雷同，缺少依据各行业特点设计的，有针对性的信息服务标准。

②国外数据参考咨询服务标准内容较全面，从格式、用户、范围、行为、基础设施、人员、信息宣传、评估等方面进行了具体规定，而国内的数据参考咨询服务标准内容相对单一。

国外信息服务标准从公众需求角度规定提供用户需要的信息服务。如"虚拟参考服务实施与维护指南"，就是从信息服务用户角度设计信息服务内容，使咨询服务各环节有据可依。但是该指南过分偏重宏观原则要求，可供信息服务标准参考的行为规范较少。《IFLA数字参考咨询指南》由于过分关注咨询用语和格式等，忽略了信息服务的完整性、规模性。

我国的《CALIS虚拟参考咨询服务规范》是数据参考咨询服务标准的代表。与国外的规范相比，服务规范包含的信息服务内容较为单一，主要有服务内容、对象、人员、流程等。

③国外对信息技术服务的管理标准研究较早，ISO/IEC 20000标准是在国际上正式颁布的信息技术管理标准。从条款、术语、管理体系、服务策划实施、交付过程、关系管理、控制、发布等方面对信息技术服务管理进行了规范，覆盖面广。国内信息技术服务管理标准发展速度慢，标准体系主要包括基础标准、行业应用标准、服务管控标准、服务业务标准等，还未正式发布。

（二）公共体育信息服务标准的早期探索及体系构建原则

1. 公共体育信息服务标准的早期探索

标准化事业不断发展，标准的数量呈现爆炸式增长，标准间开始自发地产生关联，并以标准体系的形式协同发挥作用。标准化工作者们逐渐意识到标准处于一定的系统中，同一系统内的标准间及系统外的标准间相互联系、相互制约[1]。

国家体育总局信息化建设开始于1986年，第一阶段主要利用HP 3000办公自

---

[1] 舒辉.标准化理论与实务[M].北京：经济管理出版社，2000：30.

动化主机，进行体育信息化建设应用与探索。第二阶段开始于1992年，利用先进设备、技术，建设办公自动化系统，于1994年基本建成"国家体委管理信息系统"，实现了部门内部信息资源共享。第三阶段开始于1995年，主要对服务器进行了升级，更新了数据库平台，并对用户界面进行了规范。1996年，"中国体育信息网"正式开通上线。信息基础设施建设为体育信息化建设提供了物质基础和技术保障。1999年，国家体育总局光纤主干网升级为100M，办公自动化系统平台更新为Lotus Notes/Domino，并以公文运转为核心，开始了管理信息应用系统的研发[1]。

2015年，中央办公厅、国务院印发《关于加快构建现代公共文化服务体系的意见》，提出构建公共文化服务体系，推进基本公共文化服务标准化建设。《国家基本公共文化服务指导标准（2015—2020年）》，明确规定政府群众提供的基本公共文化服务内容、硬件设施条件等[2]（表2-2）。这些文件的出台，不仅加快了公共文化服务体系与标准体系的建设进程，而且进一步点燃了老百姓文化体育活动热情。改变乡村面貌的农家书屋、各具特色的文化馆站、免费开放的博物馆、覆盖城乡的网络桥梁都慢慢出现了……群众基本文化权益得到了保证，演出、电影票价以亲民价格出现，国民幸福指数获得了进一步提升。此前，各地基本公共文化服务没有统一标准和规范，服务什么、服务多少，标准不一。这些文件的出台，较好地解决了这些问题。

表2-2 国家基本公共文化服务指导标准（2015—2020年）

项目	内容	标准
基本服务项目	读书看报	1. 公共图书馆（室）、文化馆（站）和村（社区）（村指行政村，下同）综合文化服务中心（含农家书屋）等配备图书、报刊和电子书刊，并免费提供借阅服务 2. 在城镇主要街道、公共场所、居民小区等人流密集地点设置阅报栏或电子阅报屏，提供时政、"三农"、科普、文化、生活等方面的信息服务
	收听广播	3. 为全民提供突发事件应急广播服务 4. 通过直播卫星提供不少于17套广播节目，通过无线模拟提供不少于6套广播节目，通过数字音频提供不少于15套广播节目

[1] 梁新国.抓住机遇 加速我国体育信息化建设进程[J].办公自动化，1999，6：24-28.
[2]《国家基本公共文化服务指导标准（2015—2020年）》[EB/OL] http://baike.baidu.com/item/国家基本公共文化服务指导标准（2015—2020年）/16590966?fr=aladdin

（续表）

项目	内容	标准
基本服务项目	观看电视	5. 通过直播卫星提供25套电视节目，通过地面数字电视提供不少于15套电视节目，未完成无线数字化转换的地区，提供不少于5套电视节目
	观赏电影	6. 为农村群众提供数字电影放映服务，其中每年国产新片（院线上映不超过2年）比例不少于1/3 7. 为中小学生每学期提供2部爱国主义教育影片
	送地方戏	8. 根据群众实际需求，采取政府采购等方式，为农村乡镇每年送戏曲等文艺演出
	设施开放	9. 公共图书馆、文化馆（站）、公共博物馆（非文物建筑及遗址）、公共美术馆等公共文化设施免费开放，基本服务项目健全 10. 未成年人、老年人、现役军人、残疾人和低收入人群参观文物建筑及遗址博物馆实行门票减免，文化遗产日免费参观
	文体活动	11. 城乡居民依托村（社区）综合文化服务中心、文体广场、公园、健身路径等公共设施就近方便参加各类文体活动 12. 各级文化馆（站）等开展文化艺术知识普及和培训，培养群众健康向上的文艺爱好
硬件设施	文化设施	13. 县级以上（含县级，下同）在辖区内设立公共图书馆、文化馆，乡镇（街道）设置综合文化站，按照国家颁布的建设标准等进行规划建设 14. 公共博物馆、公共美术馆依据国家有关标准进行规划建设 15. 结合基层公共服务综合设施建设，整合闲置中小学校等资源，在村（社区）统筹建设综合文化服务中心，因地制宜配置文体器材
	广电设施	16. 县级以上设立广播电视播出机构和广播电视发射（监测）台，按照广播电视工程建设标准等进行建设
	体育设施	17. 县级以上设立公共体育场；乡镇（街道）和村（社区）配置群众体育活动器材设备，或纳入基层综合文化设施整合设置
	流动设施	18. 根据基层实际，为每个县配备用于图书借阅、文艺演出、电影放映等服务的流动文化车，开展流动文化服务
	辅助设施	19. 各级公共文化设施为残疾人配备无障碍设施，有条件的配备安全检查设备

（续表）

项目	内容	标准
人员配备	人员编制	20. 县级以上公共文化机构按照职能和当地人力资源社会保障、编办等部门核准的编制数配齐工作人员 21. 乡镇综合文化站每站配备有编制人员1-2人，规模较大的乡镇适当增加；村（社区）公共服务中心设有由政府购买的公益文化岗位
	业务培训	22. 县级以上公共文化机构从业人员每年参加脱产培训时间不少于15天，乡镇（街道）和村（社区）文化专兼职人员每年参加集中培训时间不少于5天

2010年，全国"两会"上，时任国务院总理温家宝提出了大力发展公共体育事业的要求，这是政府报告中第一次提出"公共体育事业"。该报告把体育作为民生的重要内容予以关注，揭示全民族体质健康是民生之本，体育乃民生之需。公共体育服务是造福社会的体育民生工程，其建设发展同人民生活息息相关。"十一五"时期，公共体育服务建设逐渐兴起。国家体育总局在2006年颁布的《体育事业"十一五"规划》中提出"明确政府在发展体育事业中的基本责任，强化政府的政策规划和公共服务职能。"2010年，时任国务院总理温家宝在《政府工作报告》中提出"大力发展公共体育事业，广泛开展全民健身运动，提高人民的身体素质。"《国务院关于加快发展体育产业促进体育消费的若干意见》提出，把全民健身上升为国家战略，增强人民体质、提高人民健康水平。公共体育服务具有深刻的经济、社会发展背景，对我国经济、社会发展具有积极的推动作用。

公共体育信息服务是公共体育服务的重要组成部分，是政府为满足社会公众的公共体育信息需求，通过信息服务来提供公共体育服务产品、服务的实践活动。公共体育信息服务就像是搭建在公众与政府之间的桥梁，是公众认识公共体育服务的一个连接点，也是政府向社会公众提供和展示公共体育服务的重要渠道，为公共体育服务的传播奠定基础，使人民能共享公共体育服务发展成果。政府是公共信息的主要生产者，提供高质量的公共体育信息服务是政府的重要职能。国家体育总局在《体育事业"十一五"规划》中提出[1]："积极开

---

[1] 群众体育事业"十一五"规划[EB/OL]. https://www.sport.gov.cn/n4/n15285/n15286/c964191/content.html

展体育信息研究，推进体育信息化。加强信息服务，大力推进体育信息化。"在《体育事业发展"十二五"规划》中又提出[1]："推进体育信息化建设。充分认识信息化建设对体育发展的作用，进一步整合体育信息资源，拓宽采集渠道，加强信息服务，推进体育信息化建设。搭建体育资源网络信息平台，实现体育信息资源共享，推进体育行政管理和体育项目管理的信息化，加强体育赛事信息管理系统开发和体育场馆信息化建设。"

随着经济社会的不断发展，公众对公共体育服务的信息需求不断增加，对服务的要求越来越高。如何满足公众的公共体育信息服务需求，提供高质量的公共体育信息服务，是当今政府面临的重要课题。2016年4月7日，时任国家体育总局局长刘鹏在全国基本公共体育服务体系建设现场推进会上表示，"十三五"基本公共体育服务体系建设的目标是增强人民体质、提高健康水平，逐步实现基本公共体育服务均等化、标准化，推进基本公共体育服务供给多元化和法制化。建立并完善我国公共体育信息服务提供标准，有利于实现政府公共体育信息服务规范化和有序化供给，从根本上降低并解决公共体育服务市场发展存在的问题，监督并督促我国公共体育服务主体自觉提高信息质量和保障水平，使人民能够共享公共体育服务资源，共享改革发展成果。

2. 公共体育信息服务标准的构建原则

我国公共体育服务尤其是公共体育信息服务的发展还处于初级阶段，呈现出"总体水平低、发展不均衡、效率水平低"特征，无论从宏观还是微观层面，公共体育信息服务均存在一定问题。我国公共体育信息服务标准体系构建应遵循以下原则。

（1）科学适用性原则

公共体育信息服务标准体系应是面对公共体育信息服务发展水平的评价，而不是对公共体育服务其他水平的评价（如财政、健康等服务）。必须在客观真实反映公共体育信息服务的基础上，系统选取和分解指标体系，避免人为因素和主观判断对指标干扰。对公共体育信息服务水平的评价实质上是对公共体育信息服务状态的描述性评价。信息服务水平不同，状态也不同。根据系统控制论观点，"状态"是完整地描述系统行为所需的最小的一组变量。初始状态确定后，通过信息服务指标体系能够完全确定某一时刻的系统状态，所以必须

---

[1] 群众体育事业"十二五"规划[EB/OL]. https://www.sport.gov.cn/n315/n330/c564323/content.html.

准确选择能够真实描述公共体育信息服务体系状态的指标。

（2）系统性原则

公共体育信息服务标准体系是一个全方位、多层次、多指标的复合概念，对公共体育信息服务水平的评价应从系统着眼，涉及提供公共体育服务信息的多个行业、机构。系统意义上的"公共体育信息服务"，更注重对系统整体及具体领域公共体育信息服务水平和相互关系的研究。所以，应系统分解、选择标准体系，着重反映公共体育信息服务整体。指标选取应以保证测算公式易于被公众理解和接受为宜，评价过程中应保证信息的公开透明性。

（3）完备性原则

公共体育信息服务水平的评价很复杂，单一指标体系不可能完全覆盖信息服务涉及的各方面，但应能够囊括信息服务主要方面的内容，具有典型性和代表性。所构建的公共体育信息服务标准体系应涵盖公共体育信息服务的各个领域，且每一项具体指标应能够切实、客观地反映该项公共体育信息服务水平，尽可能地避免重大指标缺漏。完备的标准体系指标层次结构，应能够较全面地反映公共体育信息服务的基本状态。

（4）可操作性和可比性原则

不同的指标变量反映公共体育信息服务水平的不同方面，指标设计应考虑该公共体育信息服务空间和时间上的可操作性。建立公共体育信息服务标准体系的目的，应与国家"十三五"规划编制、国家信息化发展战略相一致，标准体系的指标选取应是可实际操作、计算的，统计数据应是可获得的，且具有一定的代表性。公共体育信息服务标准体系的指标设计，应具有可采集、可量化特点，各项指标选取应能够有效测度公共体育信息服务的发展实际。

第三章 我国公共体育信息服务的公众需求与政府供给

我国公共体育信息服务的现状究竟如何？公众对公共体育信息服务有哪些需求？这是我们研究公共体育信息服务标准体系首先需要了解和关注的问题。在传统媒体与新媒体相融合的WEB 2.0时代，公共信息服务机构利用信息技术和新媒体优势，构建起全新的信息传播渠道和信息服务功能。在此环境下，我国公共体育信息服务也在悄然发生变化。为全面了解我国公共体育信息服务的发展水平和现状，把握公众对公共体育信息服务的需求，我们进行了调查，并对公共体育信息服务的公众需求、政府供给情况进行了分析研究。

一、公共体育信息服务的公众需求

我国的信息服务业起步于20世纪70年代末，在50多年的时间里，经历了三个发展阶段。传统的信息服务产生于中国经济复苏时期，应各行各业需要，我国的信息服务业应运而生。由于基础落后，该阶段信息服务尚未达到自动化。20世纪80年代的计算机技术、通信技术迅速发展，以计算机硬件制造和自动化软件开发为主要内容的信息业空前繁荣。信息技术的发展为信息服务自动化管理、跨时空的信息服务奠定了物质基础。20世纪末，基于因特网的信息服务发展引起了各行业根本性质的转变。因特网为信息共享提供了平台，使信息呈爆炸式增长，它将信息服务机构与用户相连，迅速扩展了信息服务的范围[1]。

学者采用理论与实践相结合的方法，对体育图书馆、体育赛事的信息服务供给现状进行研究，从服务提供方式、供给内容、服务特点、服务范围等方面，对信息服务工作中存在的问题，提出了改进意见和建议，并对信息服务的发展趋势、改革措施、参考模式等提出了建设性意见，为体育赛事、体育图书馆信息服务工作的开展及完善提供帮助。从信息服务需求角度来看，学者从公

---

[1]张玉峰，晏创业.现代信息服务的质量与顾客满意度[J].情报杂志，2001（4）：46-47.

众层面对公共体育信息服务需求的研究不够系统，部分学者对高校教师、竞技体育教练员、大学生在体育方面的信息需求进行了分析研究。于红霞结合华南师范大学实践，对教师体育信息资源用户的信息需求特点变化及如何开展信息服务进行了探讨研究[1]。肖云等通过对部分竞技体育教练员体育信息需求情况调查，分析他们对于信息的认识程度、获取渠道等方面特点，为推动竞技体育信息工作，开发体育信息市场提供具有可行性的发展对策[2]。秦曼对上海教练员信息需求状况进行了调查分析，通过了解教练员信源和信息需求，分析信息需求特点，帮助他们弥补知识缺口，为促进竞技体育快速发展，提高科学化训练提供保障[3]。

需求分析是从受众视角对最初非形式化的公共体育信息服务需求到满足公众要求的公共体育信息服务产品和服务的过程分析。公共体育服务信息是一项社会资源，政府有义务将其通过有效途径向社会各阶层发布。了解公众的信息需求、切实提高公众满意度、增强公众对政府机构的信任，是公共服务提供者最关心的实际问题。目前，我国公共体育服务体系建设还处于探索阶段，对公共体育信息服务需求方面的研究仍不完善。公共体育服务体系建设目标是向公众提供完善的公共服务，从公众角度对公共体育信息服务发展水平和能力进行度量是最具说服力的。公众对公共体育信息服务有哪些需求，是政府迫切想要知道的问题。解决这些问题能够为公共体育信息服务建设指引方向，更好地为公众提供满意的公共体育服务。我们从公众层面对公共体育信息服务传播渠道、服务功能的需求情况进行调查分析，有了一定的发现。

（一）公众对公共体育信息服务传播渠道的需求

目前，公共体育信息服务的传播渠道主要有网站、手机、电视电台、宣传栏、报刊、宣传手册等。从最需要的传播渠道选择情况来看，34.02%的人选择了网站信息服务，33.51%的人选择了手机信息服务，18.38%的人选择了电视电台信息服务，9.62%的人选择了报刊、宣传册等服务，只有4.47%选择了宣传栏服务（图3-1）。可以看出，公众接收公共体育信息服务最需要的信息传播渠道

---

[1] 于红霞. 新时期高师体育信息户信息需求与服务研究[J]. 华南师范大学学报：社会科学版，2002，6（6）：119-121.

[2] 肖云，刘伟潮，朱纯，等. 竞技体育教练员信息需求调查分析[J]. 体育科学，2001，21（2）：37-39.

[3] 秦曼. 教练员信息需求状况与特征[J]. 上海体育学院学报，2010，24（4）：83-85.

为网站和手机，两者选择比例之和为67.53%。网站信息传播和更新速度快、传播形式多样，手机获取信息方便快捷，可以随时随地掌握信息动态。二者在公共体育信息传播渠道中发挥着非常重要的作用。电视电台以其简单的信息传递方式、廉价的信息服务费用，也得到了近1/5公众的认可。而对于报刊、宣传册、宣传栏等信息传播渠道，公众的需求程度不强。这个结果和全国市民信息渠道需求的调查结果有所不同。对1995—2007年间全国市民信息渠道的需求选择情况调查表明，同事、朋友、家庭亲戚等个人信息渠道的优势地位被网络所取代，网络和传统大众媒介已几乎处于同等重要的信息地位[1]。

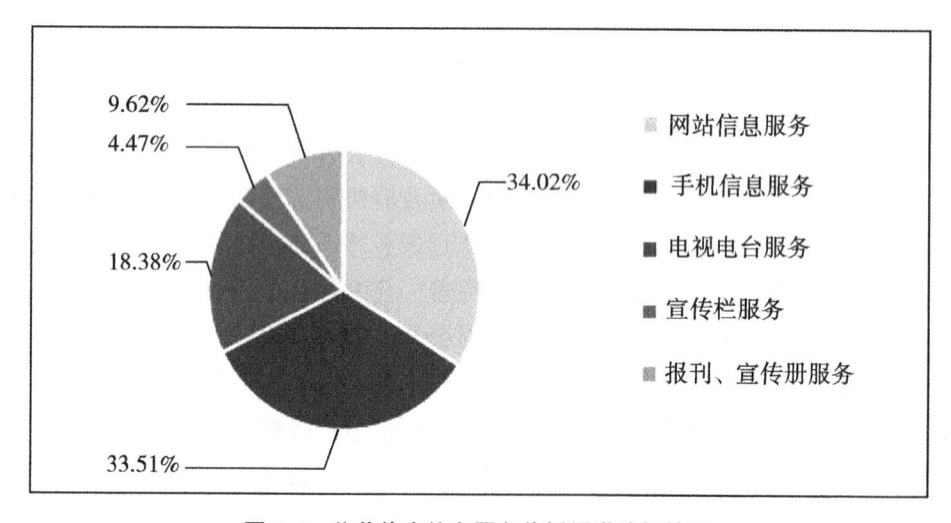

图3-1 公共体育信息服务传播渠道选择情况

网站和手机是公众获取公共体育服务信息的主要渠道。在信息时代，公众信息需求正呈现多元化和多样化的发展趋势，网站和手机等信息传播渠道得到了高速发展。对于信息资源共享的需求不断增加，使公众对于网站和手机的依赖性不断增强，互联网、智能手机的普及使网站和手机两种信息传播渠道在公共体育服务中的地位变得更加明显和突出。相比其他信息传播渠道而言，网站和手机在信息传播时效方面具有先天优势，经过采集和处理后的信息，通过网站或手机在很短时间可以实现很大范围或很远距离的传播，公众可以高效率、高质量地接受公共体育服务信息。此外，网站和手机具有高度的互动性和参与性，接收信息的同时可以通过互动交流平台，积极参与交流和评论，既方便又快捷。

---

[1] 李桂华.我国市民信息需求十三年变迁六[J].情报资料工作，2008（4）：102-104.

1. 青年人倾向于手机和网站信息传播渠道，老年人习惯于传统信息传播渠道

不同年龄人群对最需要信息传播渠道选择情况的卡方分析结果显示，χ^2=26.642，P=0.009<0.05，差异非常显著。从不同年龄人群对信息传播渠道的选择比率来看（表3-1），青年人对于电视电台信息服务的需求比率仅为15.0%，明显低于其他三种年龄层次的人群选择比率。从老年人的选择情况来看，手机信息服务选择比率仅为11.1%，相比其他人群选择比率最低。报刊、宣传册等服务选择比率为27.8%，比其他三类人群的选择比率之和还要多。青年人对于电视电台这种信息传播渠道的需求选择比率明显低于其他三类人群。这可能由于青年人群在学业、工作、家庭等方面所承担的压力较大，闲暇时间较少，电视电台服务不能够在时间或空间上使他们方便快捷地接收公共体育信息，所以更多选择网站、手机等方便快捷的信息传播渠道来获取公共体育信息服务。老年人对手机信息服务的需求选择比率明显低于其他三类人群，这可能由于老年人的手机使用率较低，或者由于对功能的使用不是很了解，不方便通过手机获取公共体育信息服务，而通过报刊、宣传册等可以使他们更加简单、方便地获取公共体育信息。

表3-1 不同年龄人群最需要信息传播渠道选择情况（N=582）

年龄	网站信息	手机信息	电视电台	宣传栏	报刊、宣传册
未满18岁	34.9	25.6	30.2	2.3	7.0
18~44岁	34.9	36.2	15.0	4.9	8.9
45~59岁	28.4	27.0	29.7	4.1	10.8
60岁以上	33.3	11.1	27.8	0.0	27.8

注：χ^2=26.642，P=0.009<0.05，差异非常显著。

2. 本科生和研究生更倾向于网站信息传播渠道

不同学历人群对最需要信息传播渠道选择情况的卡方分析结果显示，χ^2=47.176，P=0.000<0.001，差异非常显著。从不同学历人群对信息传播渠道的选择比率来看（表3-2），专科、高中、初中及以下学历的人群信息传播渠道选择比率最高的均为手机信息服务，可见手机是他们最需要的信息传播渠道。而本科和研究生则更倾向于通过网站信息服务来获取公共体育信息（研究生更高，

为66.7%），高中、初中及以下学历人群与之相比更倾向于通过电视电台服务来获取公共体育信息，选择比率分别为28.2%和26.8%。公众受教育程度不同，对信息传播渠道的需求有所不同。受教育程度相对较高的人群，如研究生、本科生更倾向于通过网站获取公共体育服务信息。受教育程度高的人群对体育信息接受能力较高，对公共体育的认知程度较高，不仅希望通过信息传播渠道获取所需信息，而且希望通过信息互动平台进行信息交流沟通，表达自己的意见和观点。而高中、初中及以下学历人群，对公共体育服务的认识和信息接受能力较低，通过电视电台的单向信息传递可以在一定程度上满足自己的信息需求。

表3-2 不同学历人群最需要信息传播渠道选择情况（N=582）

学历	网站信息	手机信息	电视电台	宣传栏	报刊、宣传册
初中及以下	26.8	33.0	26.8	4.1	9.3
高中	20.4	36.6	28.2	4.9	9.9
专科	34.8	36.5	14.8	3.5	10.4
本科	41.5	32.3	11.3	5.1	9.7
研究生	66.7	18.2	6.1	3.0	6.1

注：χ^2=47.176，P=0.000<0.001，差异非常显著。

3. 机关或事业单位人员对网站信息传播渠道的需求最大

不同职业人群对最需要信息传播渠道选择情况的卡方分析结果显示，χ^2=21.259，P=0.047<0.05，差异显著。从不同职业人群对信息渠道的选择比率来看（表3-3），机关或事业单位人员在对网站信息服务的选择比率最高，近一半的人认为网站是他们最需要的公共体育信息传播渠道，可见其对网站信息传播渠道的依赖程度较大，而对电视电台这种传播渠道的需求程度比其他三种职业都低。学生、企业单位人员和其他职业人群在最需要传播渠道选择方面，均比较倾向于网站和手机。在手机信息服务方面，四种职业的选择比率相近，均接近1/3，不同职业人群对手机信息服务的需求程度大体一致。网站和手机信息平台具有丰富的信息内容，信息质量高，传播速度快、效率高，信息获取方便快捷，信息服务灵活多变，符合各职业人群对公共体育服务信息的需求。所以，不同职业的人群对网站和手机这两种信息渠道的需求程度较大。

表3-3 不同职业人群最需要信息传播渠道选择情况（N=582）

职业	最需要信息传播渠道选择比率（%）				
	网站信息	手机信息	电视电台	宣传栏	报刊、宣传册
学生	38.2	33.6	17.3	2.7	8.2
机关或事业单位人员	48.6	30.5	9.5	5.7	5.7
企业单位人员	27.3	34.7	21.5	4.1	12.4
其他	34.0	33.5	18.4	4.5	9.6

注：χ^2=21.259，P=0.047<0.05，差异显著。

（二）公众对公共体育信息服务功能的需求

政府网络化建设和机构改革与职能转变适时结合，可加速政府权力结构、组织机构、工作方式、服务职能等方面的深刻变革。政府网站具有强大的信息获得和控制能力，可以大大增强信息服务功能。社会公众通过网络能快捷、及时地获取政府信息，获取个性化的信息服务。因此，对政府网站信息服务功能进行分析，对于转变并发挥我国政府职能具有积极的现实意义[1]。公共体育服务网站主要面向社会公众，针对社会不同人群的信息需求，对网站服务功能进行建设和开发，可以最大限度发挥网站服务功能，提高公共体育信息服务水平和能力。

公共体育信息服务网站建设以政府为依托，通过公共体育服务的纵向协作网及各体育局的横向协作网构成纵横交错的多层次网络，从而实现公共体育服务信息资源供给，满足全社会体育需求。调查显示，网站服务功能主要体现在信息资讯发布、信息查询检索、信息互动交流和信息监督反馈四个方面。从公众对最需要网站服务功能的选择情况来看，45.53%的人选择信息资讯发布功能、24.74%的人选择信息查询检索功能、23.54%的人选择信息互动交流功能、6.19%的人选择信息监督反馈功能（图3-2）。可见，公众最需要的网站服务功能为信息资讯发布功能。资讯发布和查询检索均为信息的单向流动，前者是公众被动地接收信息，后者是公众主动地接收信息。互动交流和监督反馈是信

---

[1] 卢宏.网上政府信息服务功能透视[J].情报理论与实践，2001（5）：348-350.

息的双向流动，公众根据政府提供的信息服务给予意见和建议，并积极参与到决策中。目前，公共体育信息服务还处于初级阶段，公共体育服务信息主要通过政府提供，以单向流动为主，公众对于公共体育信息服务主要处于接收的阶段，对交流互动和参与决策的需求不高。

网络平台功能

- 信息资讯发布：45.53%
- 信息查询检索：24.74%
- 信息互动交流：23.54%
- 信息监督反馈：6.19%

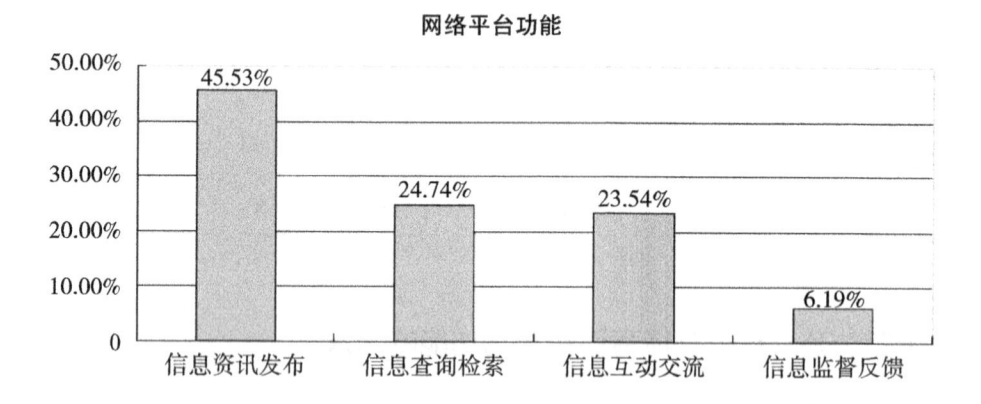

图3-2　公共体育信息服务网站服务功能需求选择情况

资源门户网站的功能核心是通过信息服务来满足访问者的信息需求。这是门户网站主要社会功能和立足之本。实现这一目标，需要在内容的准确度、广度、深度、集成度和使用方便程度等方面下功夫[1]。政府对公共体育信息服务网络平台功能的选择和建设需要公众和相关群体的参与和支持。调查显示，公众以主动接收和被动接收公共体育服务信息为主，信息双向流动较少，这样不利于提高公共体育信息服务效率和质量，无法为政府选择和制定相关决策提供依据。所以，政府需要重视网络信息平台功能建设，突出网站服务功能，运用先进的信息通信技术，拓展信息服务的广度和深度，为公众提供完善、便利的公共体育信息服务，从而提高公众信息的交流和互动，鼓励更多公众参与进来，增强政府与公众之间的合作，加快政府职能转变，切实提高公共体育信息服务水平和能力。

1. 不同年龄人群对网站服务功能的需求差异不大

不同年龄人群对最需要网站服务功能选择情况的卡方分析结果显示，χ^2=7.706，$P=0.564>0.05$，差异不显著。从不同年龄人群对最需要网站服务功能选择比率来看，对信息资讯发布功能的需求选择比率最高，这与整体选择情况相

---

[1] 李玲，郑建程. 建立"中国科学家在线"门户网站的构想[J]. 现代图书情报技术，2003（6）：65.

类似,信息资讯发布功能是他们最需要的网络平台功能(表3-4)。不同年龄人群对信息监督反馈功能的选择比率最低。信息服务以信息发布为主,公众对信息互动和信息监督反馈的需求程度并不大。

表3-4 不同年龄人群最需要网站服务功能选择情况(N=582)

年龄	最需要网站服务功能选择比率(%)			
	信息资讯发布	信息查询检索	信息互动交流	信息监督反馈
未满18岁	37.2	20.9	34.9	7.0
18~44岁	46.8	23.9	23.5	5.8
45~59岁	40.5	31.1	20.3	8.1
60岁以上	55.6	27.8	11.1	5.6

注:$\chi^2=7.706$,$P=0.564>0.05$,不存在显著差异。

2. 研究生对网站信息资讯发布功能的需求最高

不同学历人群对最需要网站服务功能选择情况的卡方分析结果显示,$\chi^2=31.403$,$P=0.002<0.05$,差异非常显著。其中,研究生对网站信息资讯发布功能的需求最高。从不同学历人群对最需要网站服务功能选择比率来看,高中及以上学历人群最需要的网络平台功能均为信息资讯发布功能,其中研究生的选择比率最高,为66.7%(表3-5)。可见,信息资讯发布功能是研究生最需要的网络平台功能。其他信息功能的选择情况与整体情况类似,信息监督反馈功能的选择比率不高。总体来看,高中及以上学历的四种人群对于功能选择的比率从高到低依次为信息资讯发布、信息查询检索、信息互动交流、信息监督反馈。这与整体的选择情况相同,由于公共体育服务信息保障体系建设还处于初级阶段,信息服务水平和能力仍需进一步提升,公众对公共体育信息服务还是以单向接收为主。

表3-5 不同学历人群最需要网站服务功能选择情况(N=582)

学历	最需要网站服务功能选择比率(%)			
	信息资讯发布	信息查询检索	信息互动交流	信息监督反馈
初中及以下	34.0	19.6	36.1	10.3
高中	46.5	23.2	22.5	7.7
专科	37.4	29.6	27.8	5.2
本科	51.8	26.2	18.5	3.6
研究生	66.7	21.2	6.1	6.1

注:$\chi^2=31.403$,$P=0.002<0.05$,差异非常显著。

3. 不同职业人群对网站服务功能的需求差异不大

不同职业人群对最需要网站服务功能选择情况的卡方分析结果显示，χ^2=9.676，P=0.377>0.05，差异不显著。从不同职业人群对最需要网站服务功能选择比率来看，不同职业人群均认为信息资讯发布是他们最需要的网络平台功能，选择比率均接近50%（表3-6）。目前，不同职业人群对信息资讯发布功能的依赖程度较大，而对其他网络平台功能的选择比率较低，对信息监督反馈功能的选择比率最低。除其他职业人群对信息互动交流功能的需求程度高于信息查询检索功能外，另外三类人群的选择比率均与整体情况相类似。不同职业人群的网站服务功能需求选择情况与整体情况相类似，还处于单向接受公共体育服务信息阶段，信息服务的互动和参与程度均不是很高。

表3-6 不同职业人群最需要网站服务功能选择情况（N=582）

职业	信息资讯发布	信息查询检索	信息互动交流	信息监督反馈
学生	42.7	26.4	26.4	4.5
机关或事业单位人员	47.6	30.5	17.1	4.8
企业单位人员	45.1	25.2	23.6	6.1
其他	47.1	17.4	26.4	9.1

注：χ^2=9.676，P=0.377>0.05，不存在显著差异。

信息学家科恩将用户信息需求分为三个基本层次结构[1]：信息需求的客观状态、认识状态、表达状态。信息需求内在机理认为[2]：站在信息服务人员角度来看，信息需求具有一定客观性，而站在信息需求主体角度来看，信息需求状态表现具有一定主观性。因此，如果将公众信息需求的认识状态看作主观需求，那么公众对公共体育信息服务的信息需求就存在以下机理：第一，当客观信息需求与主观信息需求完全吻合，即客观信息需求被主体充分认识，可以准确、无遗漏地认识信息需求状态。这种情况是理想化的，基本不能实现。

---

[1] 胡昌平，乔欢. 信息服务与用户[M]. 武汉：武汉大学出版社，2001：154.
[2] 柯平，高洁. 信息管理概论[M]. 北京：科学出版社，2007：218-219.

第二，当用户主体认识到客观信息需求的一部分，即准确地意识到部分信息需求，未能全面认识信息需求。这种情况是正常的，通常的信息需求就是在这个层次。第三，主观信息需求与客观信息需求存在差异，即意识到信息需求不是客观上真正需要的信息，有一部分是由错觉导致的主观需要。这种情况是信息用户主体应该力求避免的状态。第四，客观信息需求未被用户主体认识，即用户未对客观信息需求产生实质性反应，信息需求没有被挖掘。这种情况必须借助外界刺激才能将用户信息需求挖掘出来。

根据信息需求层次理论，我们可以发掘公众对公共体育信息服务的需求规律，通过服务供给不断引导并满足公众的信息需求，可以促进公共体育信息服务工作的有效开展。在公共体育信息服务供给过程中，需要视公众信息需求的具体情况，有针对性地提供公共体育信息服务产品、服务。

通过需求分析来看，不同人群对公共体育信息服务的传播渠道和服务功能需求存在一定差异；网站、手机是公众获取公共体育信息服务最需要的信息传播渠道，信息发布功能是公众最需要的服务功能。从信息需求层次理论来看，公众能够客观认识到公共体育信息服务需求的一部分，即准确地意识到部分信息需求，但未能全面认识信息需求。根据人口统计学特征，针对不同人群的信息需求特征，通过多种渠道提供多功能的公共体育信息服务，引导公众全面认识其对于公共体育信息服务的信息需求，能够在很大程度上提高服务质量并获得更好的服务效果，满足公众对公共体育信息服务的信息需求，并提升公众对公共体育信息服务的整体满意度。

二、公共体育信息服务的政府供给

2000年以来，学者们对公共体育信息服务进行了研究。从服务供给角度来看，研究多集中于图书馆的体育信息服务、体育赛事信息服务方面。代表性文献主要有：秦俭、徐明的《国外几所体育图书馆Web站点信息服务比较研究》[1]、唐瑞群的《论体育院校图书馆的主题信息服务》[2]、甘清瑛的《我国体育院校

---

[1] 秦俭，徐明.国外几所体育图书馆Web站点信息服务比较研究[J].成都体育学院学报，2000，26（1）：87-89.

[2] 唐瑞群.论体育院校图书馆的主题信息服务[J].上海体育学院学报，2000，24（3）：48-50.

图书馆网络信息服务的现状及对策》[1]、钟炼等的《山东省备战十一运会体育信息服务实践研究》[2]、赵谷的《大型体育赛事中信息技术应用现状》[3]等。就目前情况来看，我国学术界对公共体育信息服务的理论研究和实践研究成果还不多。从公共体育信息服务研究现状来看，对于公共体育信息服务概念还不明确；研究多集中于体育图书馆、体育赛事的信息服务；对于公共体育信息服务的政府供给现状把握不清。

中华人民共和国成立后，群众体育带有明显的计划经济体制的色彩，并蕴含一定的政治意义，高度集权的政府是群众体育发展的主要力量，行政手段是群众体育开展的主要保障，单位体育是群众体育开展的主要形式，被动参与是群众体育开展的主要特点[4]。公共服务同体育一样，也是一件舶来品，公共服务的概念是1912年由法国公法学大师莱昂·狄骥在现代公法中提出的。进入21世纪以来，我国政府开始推行公共服务，党的十六大提出"完善政府的公共服务职能"，党的十七大提出"建设公共服务型政府"战略等，党的十八届三中全会提出"必须切实转变政府职能，深化行政体制改革，创新行政管理方式，增强政府公信力和执行力，建设法治政府和服务型政府"。从根本上讲，建设服务型政府就是要建立和完善社会主义市场经济条件下的公共服务体系，政府应当是公共服务的主要提供者[5]。我国体育工作的开展，特别是群众体育工作的开展一直是由政府主导的，政府是群众体育的主要提供者。

（一）公共体育信息服务的供给主体

公共体育服务的上位概念是公共服务[6]。受经济和社会发展阶段的限制、传统管理体制的影响，长期以来，我国公共体育服务供给主体单一，体育行政

---

[1] 甘清瑛.我国体育院校图书馆网络信息服务的现状及对策[J].广州体育学院学报，2004，24（2）：118.

[2] 钟炼，李皿，程静静，等.山东省备战十一运会体育信息服务实践研究[J].山东体育学院学报，2005，29（10）：49-51.

[3] 赵谷.大型体育赛事中信息技术应用现状[J].武汉体育学院学报，2012，46（5）：62-65.

[4] 袁明煌.休闲体育驻足中国的现实困惑与出路[J].体育学刊，2013，22（1）：33-37.

[5] 王青云，李成贵.建设服务型政府的理论思考和实践经验[J].社会科学战线，2010（1）：56-63.

[6] 肖林鹏，李宗浩，杨晓晨.我国公共体育服务体系概念开发及其结构探讨[J].天津体育学院学报，2007，22（6）：472-475.

第三章 我国公共体育信息服务的公众需求与政府供给

部门一直是我国公共体育服务供给的绝对主体[1]。我国体育行政部门根据国家经济社会发展规划，积极投身公共体育服务的建设中。各级体育行政部门在国家体育总局的精心指导和大力支持下，高度重视体育工作，不断深化体育行政管理体制改革，深入推进公共体育服务体系建设，基本公共体育服务水平得到了明显的提高，公共体育服务总量也有了较大的增长。公共体育服务作为一项社会资源，政府有义务和责任将其通过各种有效途径向社会各阶层传达。作为公共体育服务的组成部分，公共体育信息服务主要通过公共体育服务信息资源的发布和共享，使得社会公众能够获得更多所需信息。我国公共体育信息服务建设还刚刚起步，体育行政部门在信息服务发展中起到了非常重要的作用，既是公共体育信息服务的供给主体，也是目前公共体育信息服务的主要建设者和维护者。

根据对国家体育总局、江苏省体育局等地走访调查，我们发现，公共体育信息服务的相关工作主要由群众体育司、群众体育处、体育信息中心和办公室负责。国家范围内，主要由国家体育总局群众体育司和信息中心统一领导和指挥。省级范围内，主要由省体育局群众体育处和体育信息中心共同负责。市级范围内，信息服务工作主要由群众体育处和办公室负责。群众体育司主要负责拟订和推行群众体育工作的方针规划和政策、指导群众体育组织建设、健身场地设施建设，协调开展群众性体育活动等。结构见图3-3。

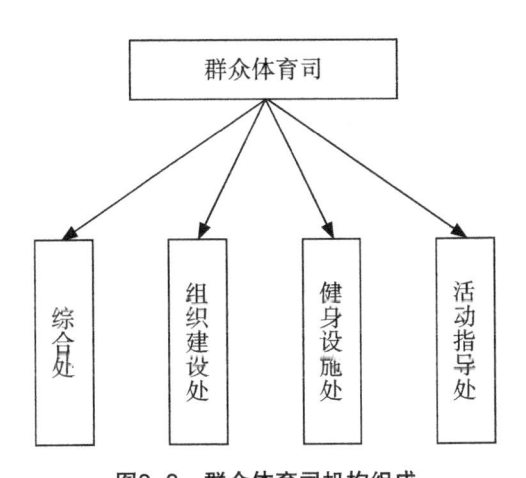

图3-3 群众体育司机构组成

---

[1] 汪流，郝亮.偶然中的必然："回超"现象的发生学解析[J].武汉体育学院学报，2010，44（5）：33-37.

国家体育总局信息中心负责搜集全民健身、奥运争光和体育产业等方面的信息，以及建设信息网络，提供咨询服务，负责总局信息数据库等。主要结构见图3-4。

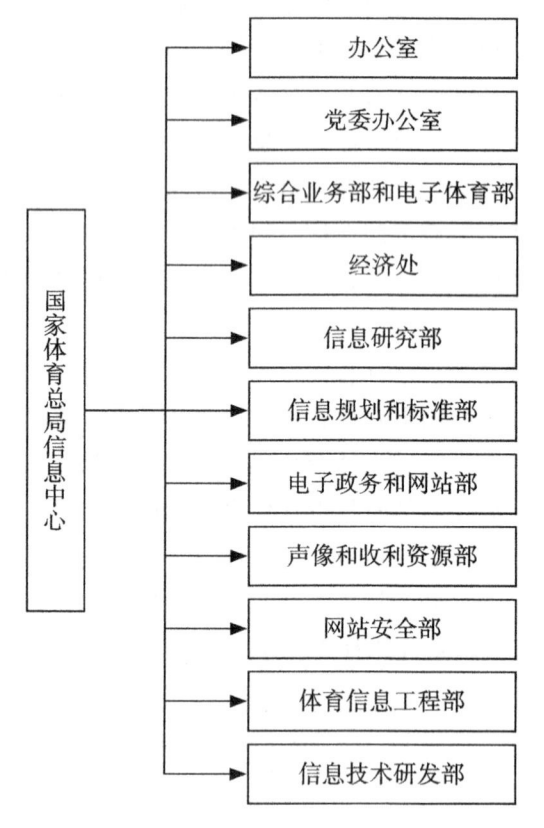

```
                    ┌─ 办公室
                    ├─ 党委办公室
                    ├─ 综合业务部和电子体育部
                    ├─ 经济处
国家体育总局信息中心 ─┼─ 信息研究部
                    ├─ 信息规划和标准部
                    ├─ 电子政务和网站部
                    ├─ 声像和收利资源部
                    ├─ 网站安全部
                    ├─ 体育信息工程部
                    └─ 信息技术研发部
```

图3-4 国家体育总局信息中心机构组成

我国公共体育信息服务的供给主体主要为体育行政部门。从职能分配来看，提供公共体育信息服务是群众体育司（处）、信息中心、办公室几个部门的共同职责，信息服务主要通过部门和部门间的合作来完成，没有设立独立组织或机构负责，也没有协调管理机构来协调各部门之间的关系。在传统行政体制束缚下，各个职能部门之间存在条块分割、各自为政的现象，不同部门之间的信息鸿沟现象普遍存在，一定程度上影响公共体育信息服务的建设和发展。

（二）公共体育信息服务的传播渠道

网络技术、影像传媒等信息技术的高速发展，使公众对公共体育信息服务的期望值比以往有较大提升。互联网的普及、社交媒体的繁荣，使得人们对公共体育服务的信息需求量与日俱增。优质高效的信息服务是建设公共体育服务体系的有效手段，也是整合信息资源、满足公众信息需求的最佳方法和途径。目前，体育行政部门主要通过网站、手机、电视电台、宣传栏、报刊、宣传手册等信息传播渠道，向公众传达公共体育服务信息、提供公共体育信息服务。

网站是公共体育信息服务最主要的传播渠道。国家体育总局贯彻《中华人民共和国政府信息公开条例》，为保障公民、法人和其他组织能够依法获取政府体育信息，充分发挥政府体育信息对人民群众生产、生活和经济社会活动的公共服务作用，开始推行信息公开服务，主要通过国家体育总局政务服务门户网站、中华全国体育总会官方网站、中国奥委会官方网站等向全社会公开体育信息。公民、法人和其他组织可在国家体育总局政府网站上查阅相关信息，也可到总局政府信息公开工作办公地点查阅。此外，各省市体育局通过门户网站、体育信息网、全民健身网，提供公共体育信息，公众可以轻松查询体育场地、健身路径、站点等体育信息，掌握科学的健身方法，同时还可在线咨询和交流。

手机、电视电台、宣传栏、报刊、宣传册等信息传播渠道在公共体育信息服务过程中，也起到了一定作用。苏锡常等地区通过多种信息传播渠道向市民提供公共体育信息服务：在市区活动站点建立宣传栏，定期发布健身知识；与报社合作，通过报刊专栏，每周定期推出公共体育服务专题，普及科学健身知识；与地方电视台合作，共同推出市民健身手册，通过街道、社区等活动站点向市民发放；通过电视电台，以公益广告形式宣传和推广公共体育服务。此外，还与移动公司联合建立手机短信信息服务平台，定期发布公共体育服务信息。

我国公共体育信息服务传播渠道主要有网站、手机、电视电台、宣传栏、报刊、宣传册等。网站是体育行政部门提供公共体育信息服务的主要传播渠道，手机、电视电台、宣传栏、报刊、宣传册等为辅助的信息传播渠道。总体看来，公共体育信息服务主要依靠网站传播，其他传播渠道在信息服务过程中的作用并不明显，多个传播渠道间相对分立，没有进行有效的整合和利用。

（三）公共体育信息服务的功能

目前，体育行政部门主要通过门户网站向公众提供公共体育信息服务。网站建设以政府为依托，通过各级体育局的纵向协作网及横向协作网构成纵横交错的多层次网络，实现公共体育信息服务资源的供给，满足社会公众的体育需求。随着信息化发展和信息技术水平的提高，我国已经基本具备相对完善的信息基础设施和信息网络、一定规模的信息服务市场、独立自主的信息环境，但在公共体育信息服务网站建设方面仍然存在问题。为了解公共体育信息服务网站建设情况，对国家体育总局、北京市体育局、江苏省体育局及部分市体育局等17个部门的门户网站基本情况进行了调查。结果显示，国家体育总局、北京市体育局、江苏省体育局及各市体育局等17个部门的门户网站主要功能有四种，即信息资讯发布功能、信息查询检索功能、信息互动交流功能和信息监督反馈功能（表3-7）。

表3-7 公共体育信息服务网站建设情况

体育局	信息资讯发布	信息查询检索	信息互动交流	信息监督反馈	公共体育服务	网上调查	微博、微信、论坛
国家	通知公告、信息发布	内容搜索	访谈直播	办公厅信箱等	公共服务：全民健身、竞技风采、体育发展、体育产业、竞技体育、观点声音	—	—
北京	通知公告	内容搜索	互动访谈、咨询信箱、政风热线	监督投诉	公众服务：体育生活服务、体育赛事服务、体育电子地图	—	体育北京
上海	信息公开	内容搜索	在线访谈、便民问答	局长信箱	便民服务	—	上海体育发布
江苏	通知公示、公告	关键字搜索	在线咨询、在线访谈、网上直播、意见征集、新闻发布会	局长信箱	公共服务：电子图书馆、江苏体育数字图书馆、健身指南、热门场馆、体育名人榜、体育装备爱好者俱乐部	网上调查	—

第三章 我国公共体育信息服务的公众需求与政府供给

（续表）

体育局	信息资讯发布	信息查询检索	信息互动交流	信息监督反馈	公共体育服务	网上调查	微博、微信、论坛
南京	通知公告	内容搜索	在线咨询、建言献策	局长信箱	健身资讯、体育产业、热门活动、体育赛事、体育场馆、体育课堂、体育用品	民意调查	南京市体育局
无锡	公告通知	关键词搜索高级检索：站点范围、日期、信息类型内容	咨询投诉、民意征集	局长信箱	便民服务	网上调查	—
徐州	通知公告	关键词搜索	在线访谈	投诉建议	便民服务	民意投票	—
常州	通知公示、公告	全文检索、高级检索：标题、栏目、时间、阅读人气	建言献策、在线访谈、热点评议、意见征集	局长信箱	服务中心：下载中心、体彩信息、便民服务 体育爱好者：体育场馆、健身知识、体育装备、体育标准、常州体育名人榜	网上调查	常州体育
苏州	通知与公告	关键词搜索		领导信箱		—	苏州体育
南通	通知公告	关键字搜索	—	—		网上调查	—
连云港	通知公告	—	在线咨询、公开电话、民意征集、我要写信	局长、部门信箱	全民健身、体育赛事、体育用品经营、健身资讯、便民查询、设施分布、健身教练	网上调查	

(续表)

体育局	信息资讯发布	信息查询检索	信息互动交流	信息监督反馈	公共体育服务	网上调查	微博、微信、论坛
淮安	公告栏	搜索引擎	咨询投诉	公众监督	—	—	—
盐城	体育公告	—	咨询解答、投诉建议	局长信箱	—	民意调查	—
泰州	通知公告	检索：标题、关键字、摘要、作者、来源、录入	在线访谈、办事	领导信箱	公共服务	—	—
宿迁	通知公告	关键词检索高级检索	我要咨询	—	公众服务	—	—
扬州	通知公告	关键字搜索	—	意见箱请您留言	—	网上调查	—
镇江	通知公告	网站群检索高级检索	在线咨询	监督投诉	—	民意调查	镇江论坛

注："—"表示没有相关内容。

通过信息资讯发布功能，可以向公众提供公共体育服务通知或公告。17个部门的门户网站均具备信息资讯发布功能。通过信息查询检索功能，公众可以根据需要查询公共体育服务信息，有15个部门的门户网站提供了信息查询检索功能，占总数的88%，其中无锡、常州、泰州、宿迁、镇江5个城市体育局提供的检索功能较为完善，既可以根据信息内容或关键字进行一般检索，也可以根据时间、信息类型、信息范围、来源、阅读人气等进行高级检索。通过信息互动交流功能，为公众提供便捷的交流渠道，方便公众交流与沟通。有14个体育局网站以咨询访谈、热点评议、投诉解答等为主题设立信息互动交流功能。在信息监督反馈功能方面，大部分体育局开通了电子信箱，特别是局长信箱服务，保证了公众反馈意见与最高管理者无缝对接，确保社会诉求能够更加准确、及时地反馈给领导，并得到领导的直接解答。

从门户网站内容建设来看，仅有国家体育总局、北京、江苏、南京、连云港体育局5个部门明确设立了以体育为中心的公共服务板块，方便公众获取公共体育信息服务。板块建设主要包括健身资讯、全民健身、竞技体育、体育产业、体育赛事、电子地图、体育场馆设施、体育名人榜、体彩天地等。常州市体育局建立了服务中心和健身爱好者平台,服务中心包括下载中心、体彩信息、便民服务;健身爱好者平台主要包括体育标准、体育场馆、体育装备、常州名人体育榜等。仅有3个部门开设了便民服务平台,提供体育教练员、裁判员、社会指导员、比赛的相关信息。

北京、上海、南京、常州和苏州的体育局开通了微博并链接到门户网站上。通过广播式社交网络平台为公众提供公共体育服务信息分享与交流服务。镇江市体育局开设了镇江论坛,通过交互性强、内容丰富而及时的Internet电子信息服务系统,使公众可以在镇江市体育局的BBS站点上获取和发布公共体育服务信息、讨论和聊天。此外,有10个部门开设了网上调查的互动平台,可进行民意投票,在线征集公众意见和建议。

从国家体育总局等17个部门的门户网站建设情况来看,体育行政部门围绕公共体育信息服务,主要对信息资讯发布、信息查询检索、信息互动交流、信息监督反馈功能等进行了建设,传播、发布、共享、反馈公共体育服务信息,围绕体育向公众提供公共服务,取得了一定的进展。从政府门户网站的公共体育服务板块建设情况来看,公共体育信息服务建设存在界面不够突出、内容冗杂混乱、建设标准不一等问题。不同地区网站信息服务功能发展水平存在一定差距,信息服务功能整体建设有待提高。

(四)公共体育信息服务的信息内容

根据江苏省体育行政部门网站的信息内容及公众信息服务行为特点,将公共体育信息服务依功能划分为信息浏览、信息查询、信息交互三种服务。按此分类标准,对各信息服务所提供的信息内容进行统计分析。

1. 网站信息浏览服务信息内容分析

网络信息浏览行为是为满足已知或未知的信息需求,在不同结点间自由游移的目标导向或非目标导向的网上信息查寻行为。其特点是用户通过跟踪信息结点间的链路在网络中进行移动,包括网络中超文本结点的点选、网络浏览器按键的使用等[1]。

---

[1] 王庆稳,邓小昭.网络用户信息浏览行为中的心理模式研究[J].图书情报知识,2010(5):93-96.

网络信息种类繁多，科学分类至关重要。CNKI收录最早的关于网络信息分类期刊发表于1999年，根据YAHOO、SOHU两大搜索引擎的分类方法，目前网络信息分类存在一定问题，需要编制网络信息分类法[1]。此后，有不少学者对网络信息分类法提出见解。吴丹提出网络信息分类大纲，认为网络信息可以分为两级，其中一级类目18个，二级类目若干[2]。学术界对网络信息分类的看法不一，这与网络信息特点有很大关系。网络信息分类目前主要依靠搜索引擎传统分类法或主题法在计算机软件辅助下进行。通过合理地使用分类法，构建一个可操作的网络信息分类体系仍然是可以做到的[3]。基于网络信息分类方法的思想，可以从信息类目和框架体系角度整合归纳公共体育信息服务门户网站的网络信息内容供给现状。

（1）公共体育信息服务网站信息一级类目

体育行政部门门户网站的网络信息不断发展变化，截至2016年7月，江苏省体育行政部门的门户网站（共13个）一级类目的统计情况如表3-8所示。一级类目主要有新闻中心、政策法规、政务公开、网上审批、公共服务、群众体育、竞技体育、赛事活动、体育产业、体育设施、党的建设、机关建设、专题活动、信息公开、冠军名人、体育社团、校园体育、事中事后监管、体育微生活、腾讯微博微信、体育总会、区县体育等；最多的一级类目数为12个，最少的为3个；有2个城市网站一级类目数为10个；有2个城市网站包含的一级类目数为9个；1个城市网站包含的一级类目数为8个；各城市的一级类目内容各有不同。

表3-8 江苏省体育行政部门的门户网站一级类目

城市	一级类目
苏州	体育设施、冠军名人、公共服务、政策法规、体育社团、信息公开、校园体育、事中事后监管、网上审批、苏州体育微生活等
无锡	政府信息公开、互动交流、公共服务等
常州	新闻中心、政务中心、服务中心、专题专栏、与您互动、新浪腾讯微博等
镇江	新闻中心、政务公开、群众体育、竞技体育、体育产业、党建园地、专题活动、公众参与、镇江论坛等

---

[1] 黄建年.网络信息分类浅议[J].情报学报，1999（6）：514-518.
[2] 吴丹.网络信息分类体系设计[J].图书情报知识，2002（5）：37-39.
[3] 孙彦玲.分类法在网络信息分类体系中的应用[J].现代情报，2006（10）：181-182，185.

（续表）

城市	一级类目
南京	新闻中心、公共服务、政务公开、网上办事等
南通	信息公开、竞技体育、群众体育、体育产业、体育社团、行政审批服务等
扬州	体育设施、群众体育、区县体育、竞技体育、机关建设、体育产业、公共服务、党的建设、赛事活动、信息公开、专题活动、腾讯微博微信等
泰州	信息公开、群众体育、竞技体育、体育产业、体育总会、区县体育、科学健身、党务公开、网站帮助等
盐城	体育设施、党建工作、群众体育、体育产业、体育社团、竞技体育等
宿迁	体育新闻、机构组织、信息公开、政策法规、政务公开、党群建设、全民健身、竞技体育、体育社团、通知公告等
淮安	机构设置、政府信息公开、政策法规、竞技体育、群众体育、体育彩票、联系我们等
徐州	政务公开、公共服务、公众参与等
连云港	新闻中心、政务公开、网上审批、公共服务、赛事活动、体育总会、体育经济、区县体育

注：资料来源于江苏省各市体育局门户网站。

（2）公共体育信息服务网站信息二级类目

二级类目主要揭示了公共体育信息服务的门户网站一级类目下的分布情况，如表3-9所示。各网站二级类目存在明显重合现象，信息类目归类较为混乱，标准不一，部分类目下并没有具体内容。在一级类目之下，二级类目的信息内容变动较明显，多的二级类目数达39个，而最少的二级类目数仅有7个。以常州市体育局门户网站为例，二级类目数为31个。其中，"新闻中心"的二级类目数为5个，包括要闻动态、媒体报道、通知公告、稿件排名、专题专栏；"政务中心"的二级类目数为11个，包括机构设置、政策法规、领导分工、竞技体育、体育科教、体育产业、党群建设、体育社团、信息公开、体育竞赛、群众体育；"服务中心"的二级类目数为3个，包括办事指南、下载中心、双公示；"专题专栏"的二级类目数为8个，包括两学一做学习、三严三实专题、体育产业发展引导、江苏省第十九届运动会、政府购买公共体育服务、中国羽毛球大师赛、常州市全民健身数字地图、校园体育之星；"与您互动"的二级类目数为4个，包括局长信箱、网络发言人、在线访谈、网上调查。而盐城市体育局门户网站的二级类目数仅有7个,而且一二级类目基本重合。其他城市体育局门户网站的一二级类目也多少呈现出一定的重合趋势。

表3-9 江苏省体育行政部门的门户网站二级类目

城市	二级类目
苏州	十分钟健身圈、科学健身、健身器材指导、器材保修、专题专栏、热点问题、体育科普、在线咨询、网上调查、意见征集、投诉举报、意见建议等
无锡	工作动态、权力运行、公告公示、信息公开指南、信息公开目录、信息公开制度、信息公开年度报告、依申请公开、信息公开工作意见箱、来信办理平台、调查征集、便民服务查询类、行政审批许可等
常州	要闻动态、媒体报道、通知公告、稿件排名、专题专栏、领导分工、机构设置、政策法规、群众体育、竞技体育、体育产业、体育社团、体育竞赛、信息公开、体育科教、党群建设、办事指南、下载中心、双公示、两学一做学习、三严三实专题、体育产业发展引导、江苏省第十九届运动会、政府购买公共体育服务、中国羽毛球大师赛、常州市全民健身数字地图、校园体育之星、局长信箱、网络发言人、在线访谈、网上调查等
镇江	要闻动态、辖市区公众、图片新闻、通知公告、本局概况、部门文件、政策法规、部门规划、通知公告、全民健身组织、全民健身活动、体育竞赛、业余训练、体育场馆、体育彩票、组织建设、支部生活、党风廉政、教育实践活动、领导信箱、监督投诉、在线咨询、建言献策、民意调查、查询应用等
南京	体育要闻、图片新闻、各区要闻、基层动态、全民健身、便民查询、体育赛事、公众参与、公告公示、概况信息、部门文件、计划总结、人事任免、财政信息、网上行权、产业信息管理登录、体育竞赛管理等
南通	政府信息公开指南、政府信息公开目录、图片新闻、新闻速递、县(市、区)动态、信息公开、通知公告、经济体育、群众体育、体育产业、体育社团、世界冠军摇篮等
扬州	群体活动、健身组织、设施建设、体质测试、组织建设、优秀运动队建设、比赛成绩、最高纪录、裁判管理、体育科技、业余训练信息、等级运动员管理、国内外赛事、鉴真马拉松赛、体育彩票、场馆运营、产业引导、要闻快讯、机关建设、信息公开、为您服务、图片集锦、赛事资讯、培训计划、健身指导、体育竞赛合作伙伴等
泰州	机构职能、政策文件、规划计划、资金信息、信息公开年报、人事信息、群体风采、社会指导员、体质监测、活动计划、竞赛成绩、赛事安排、技术等级、活动信息、产业动态、体育场馆、体育彩票、市级体育社团、区县体育总会、健身常识、体质简易测评指南、体育项目锻炼指南等

第三章 我国公共体育信息服务的公众需求与政府供给

（续表）

城市	二级类目
盐城	党建工作、群众体育、健身问答、业余训练、产业发展、体育社团、体育设施等
宿迁	要闻动态、县区新闻、体彩新闻、局领导、机构职能、机关处室、直属单位、信息公开导航、依申请公开、县区政府信息公开、公共企事业单位信息公开、述职述廉、健身指导等
淮安	机构主要职能、机构领导及分工、内设机构及职能、联系方式、政府信息公开指南、政府信息公开制度、政府信息公开年报、政府信息公开工作动态、依申请公开、政府信息公开信箱、政府信息公开目录、竞赛成绩、冠军风采、业余训练概况、体育竞赛、第六届运动会专栏、2008北京奥运会、中心介绍、彩票政策法规、新闻资讯、玩法介绍等
徐州	通知公告、体育要闻、新闻中心、专题专栏、主动公开、信息公开指南、信息公开目录、信息公开制度、信息公开年报、依申请公开、信息公开意见箱、文件通知、公告公示、体育社团、行政许可、行政审批、民意征集、访谈直播等
连云港	体育要闻、图片新闻、区县新闻、培训信息、通知公告、行政许可、行政处罚、财务公开、党政综合、政策法规、机构概况、规划计划、体育系统电话查询、职业技能鉴定、体育类民办非企业、等级运动员申请、等级裁判员申请、社会体育指导员申请、体育竞赛申请、全民健身、健身知识、健身教练、体彩天地、连云港市城市十分钟健身圈、灌云县十分钟健身圈、赣榆区十分钟健身圈、国际赛事、国内赛事、省内赛事、本市赛事、运动员风采、连云港市体育总会秘书处、体育社团、体育中心、东海县体育中心、赣榆区体育公园、灌云县文体中心项目简介等

目前来看，体育行政部门的门户网站信息内容比较混乱，分类标准不一；类目重叠情况明显。其中，一级类目在二级类目中出现、一级类目内容与其他一级类目中的二级类目内容重叠、各类目名称与标准不一等问题普遍存在，信息内容亟待统一的标准进行规范。基于公共体育信息服务的门户网站信息内容，可以总结出类目分类体系共性特征，并提出公共体育信息服务的网络信息内容分类框架，为公共体育信息服务标准体系中的信息内容标准研究提供参考。从江苏省公共体育信息服务体育行政部门的网站信息内容可以看出，目前还没有一个统一的信息分类标准进行规范，服务信息内容参差不齐、分类混乱。通过对我国公共体育信息服务网站信息内容的共性特征进行研究，可以为公共体育服务信息内容标准提供一定参考。

2. 江苏省"10分钟体育健身圈"电子地图信息内容供给现状

2012年《江苏省城市社区"10分钟体育健身圈"建设实施方案》出台，提出到2015年6月底，完成全省城市社区"10分钟体育健身圈"建设任务，即在市、县（市）主城区、居民以正常速度步行10分钟左右（直线距离800～1000米）范围内，建设便民利民的公共体育设施，同时引导城市居民参加健身组织，开展丰富多彩的群众体育活动，为广大群众提供科学健身服务[1]。"10分钟体育健身圈"工程在江苏省内全面展开，大致进度如图3-5所示。

①2011年，"10分钟体育健身圈"启动；
②2013年底，全省70%城市社区建成"10分钟体育健身圈"；
③2014年底，全省90%城市社区建成"10分钟体育健身圈"；
④2015年6月底，全省城市社区完成"10分钟体育健身圈"建设。

图3-5 江苏"10分钟体育健身圈"发展进度

市级典型案例：常州市"10分钟体育健身圈"建设

常州市将"10分钟体育健身圈"工程列入市政府为民办实事项目，推动全民健身设施不断提升，组织更加完善。以需求为出发点，科学规划多元投入，保障供给。

---

[1]国家体育总局. 江苏启动城市社区10分钟体育健身圈建设［EB/OL］.（2021-12-21）［2019-03-25］. https://www.sport.gov.cn/n20001280/n20745751/n20767239/c21910131/content.html.

（1）科学规划　明确建设内容

常州市将城市"10分钟体育健身圈"定义为城市居民步行800米左右，就有健身活动设施，就能享受全民健身服务。明确提出要建成市、辖区、街道、社区、居民小区的五级健身设施网络。2011年，常州市全面普查了全市城区体育健身设施，为"健身圈"建设打下了良好基础。并确定将全市所辖两市五区共24个街道（城关镇、开发区）316个社区列入"10分钟体育健身圈"达标建设范围。常州市体育局会同财政、建设、园林等部门，赴先进地区学习取经，经过3个多月的起草，形成了《常州市城市"10分钟体育健身圈"建设三年行动计划》。在文件起草过程中，市政协、省体育局分管领导亲临指导，提出了许多建设性意见。2012年2月初，市政府办公室在全省率先出台了《三年行动计划》。

（2）以公众需求为出发点　分布推进建设

常州市根据各辖市（区）发展不平衡、各城区体育设施建设不均衡、老百姓的健身需求不一的情况，制定的"健身圈"建设标准强调因地制宜，满足百姓需求，分别明确了区级全民健身中心、乡镇（街道）全民健身活动中心、社区健身点、行政村健身点、健身俱乐部、全民健身示范工程。

常州市"健身圈"建设分三步实施，到2014年全面建成。一是规划建设。2012年完成建设规划，实施体育惠民工程十项行动，全面启动城市"10分钟体育健身圈"建设。二是提档升级。2013年重点对街道（乡镇）全民健身活动中心、社区体育健身俱乐部、社区（行政村）健身点、居民小区（自然村）等体育设施提档升级，并继续推进体育惠民工程。三是创优创特。2014年实施"创示范基地、建特色团队、树品牌活动"的创优创特建设行动。通过把目标任务按年度进行具体细化，确保"健身圈"健身步道建设任务按时有序、保质保量完成。

常州市先后出台了《常州市城乡社区体育设施建设的实施意见》《关于进一步加强公共体育设施管理工作的意见》等文件，初步形成了城市社区"10分钟体育健身圈"建设的部门联动机制。例如：市体育局与建设部门合作，负责新建小区体育设施的规划、指导和达标验收；与房管部门合作，在老小区改造中配建体育设施；与园林部门合作，为公园、绿地、广场配建体育设施；与教育部门合作，推进学校体育设施向社会开放；与质检部门合作，督查体育器材的质量；与市信息中心联合推出"电脑工间操"；与规划部门联合制作"全民健身数字地图";与市总工会、团市委、妇联、残联及各体育协会联合开展各类人群、不同群体的全民健身活动等。

(3) 多元投入　保障供给

常州市把全民健身工作设施建设费、事业费纳入财政预算,形成稳定增长机制,确保70%以上的体彩公益金投入全民健身事业,从而保证了城市"10分钟体育健身圈"的投入。同时,坚持"全民健身全民办",采取捐助、赞助、合作等形式,鼓励社会力量参与体育健身设施建设。如飞龙体育公园、遥观镇全民健身活动中心就是由企业建设和管理运作的。

县级典型案例:昆山市建设城乡一体化"10分钟体育健身圈"

昆山市于2013年1月全面启动城乡一体化"10分钟体育健身圈"建设,即在城乡居民以正常速度步行10分钟左右(直线距离800~1000米)范围内,建成便民利民的公共体育设施,同时引导城乡居民参加健身组织,开展丰富多彩的群众体育活动,为广大群众提供科学健身服务。经过2年半的努力,已于2015年6月完成既定任务。

(1) 昆山市城乡一体化"10分钟体育健身圈"建设现状

截至2015年6月,昆山市财政投入5000万元,建设体育场地778片、配套健身器材1689套,已建成城乡一体化"10分钟体育健身圈",形成了以市体育中心和全民健身中心为龙头,区镇级体育设施为枢纽,学校体育设施为骨干,街道、社区、村、小区、自然村体育设施为基础,企事业单位体育设施为补充的五级全民健身体育设施网络。基本形成横向到边、纵向到底的社会体育组织网络体系,市级协会达35个,区镇协会达60个;形成了"2+4+8"的全民健身活动体系,做到天天有活动,周周有比赛,月月有大赛,年年有提高。

(2) 昆山市城乡一体化"10分钟体育健身圈"特色

区镇"新四个一"工程

昆山市"10分钟体育健身圈"的一项重要内容就是继续推进各区镇新"四个一"工程建设,即各区镇新建一个体育馆、一个体育场、一个游泳馆和一个体育公园。

居民小区（自然村）配套体育设施

"十一五"以来，昆山市逐步加快基础性全民健身设施建设步伐：2006年开始的农村"三个一"工程，全市166个行政村均配备一个篮球场或门球场、一个室内活动室、一条健身路径；2007年起，年均投入体彩公益金260万元，用于维护既有全民健身设施和新建全民健身工程点，到2012年底，所有街道、社区和村委会驻地全民健身设施配套率和完好率均达到100%；2013开始的"10分钟体育健身圈"，侧重于在小区、自然村和公共绿地建设小型运动场地和配套健身器材。截至2015年6月，共建成健身场地778片、配套健身器材1689套，全市899个小区除部分老小区因场地限制无法配套健身设施外，其他有条件的小区和全市220个重点特色自然村、47个公园健身设施配置率均达到100%。

壮大体育社团组织

近年来，昆山市体育组织的门类进一步丰富、触角不断延伸，基本做到了横向到边、纵向到底的组织网络格局，以市体育总会为主，市属体育协会为辅，区镇体育总会分会为纽带，体育俱乐部为桥梁，街道、社区、健身活动站为基础，机关、团体、企业、学校为补充的6级体系，为全民健身活动深入开展提供了有力保障。

"2+4+8"活动

昆山市充分利用全民健身日体育节等重大节点，开展群众体育赛事活动，形成了"2+4+8"的全民健身活动体系。"2"即万人国际徒步大会和万人大众绿色骑行两大特色群众体育活动品牌；"4"即足球、篮球、乒乓球、羽毛球"四大业余联赛"和农村"四个一百"（百村乒乓球总决赛、百村篮球比赛总决赛、百个社区羽毛球比赛总决赛、百队门球大赛）活动；"8"即学校、机关、企业、区镇、社团组织、全民健身日、业余联赛和金秋的八个系列群众体育活动，年均举办各类体育活动和赛事500多项次，影响和带动超过100万人次参加各类体育锻炼和活动。

科学健身服务

昆山市通过报刊、电视电台、健身网站、手机短信平台、网络微博等平台大力宣传科学健身知识。采用了全民健身大讲堂、健身广场大培训、健身知识大巡展、健身手册大发放等多种形式，面对面传授科学健身知识。大力推动了以国民体质监测、健身技能培训和科学健身知识讲座为主要内容的全民健身"五进"（进社区、进机关、进学校、进企业、进特殊人群）系列活动的深入开展。开通了10分钟健身圈电子地图信息服务,推广"昆山智慧体育"App,建成覆盖全市的体育信息咨询与健身指导的电子服务平台,城乡居民真正就近共享科学健身服务。

(3) 昆山市城乡一体化"10分钟体育健身圈"先进经验

政府主导、部门参与、统筹协调、形成合力

昆山市体育部门认真履行职责,穿针引线、统筹协调有关工作,形成了以政府为主导,规建部门为建设主体,发展改革、教育、财政、民政等部门积极参与的工作格局,凝聚成了工作的强大合力,为城乡一体化"10分钟体育健身圈"圆满完成提供了有力保障。

城乡一体、因地制宜、科学规划、完善功能

昆山市始终坚持城乡一体、因地制宜、科学规划、完善功能、服务居民的原则,建设百姓"看得到、走的到、用的到"的健身设施。形成了以市区体育中心、全民健身中心、市民活动中心、区镇文体中心为主的辐射圈。建成了"圈套圈"无缝隙、"环连环"无断链的个性化"10分钟体育健身圈"。

市镇联动、优化配置、以奖代补、激发活力

昆山市采用了市财政、区镇财政、体彩公益金三合一的建设经费支持模式,即健身路径、篮球架、乒乓球桌等健身器材由体育部门统一组织进行政府采购和安装到位,室外篮球场、门球场、笼式足球场、乒乓活动场、健身路径、羽毛球场等场地基础设施由各区镇统一负责建设,体彩公益金采用以奖代补的方法,建设完成后由市体育局联合财政局、审计局对健身场地进行验收,验收合格后进行场地建设补贴的发放。

构建网络、深挖潜力、注重引导、扩大影响

按照"宝塔型"构建、"织网式"延伸、"根系式"生长的模式,昆山市将体育社团组织延伸至小区、自然村、健身站点,发展机关部门、学校、企事业单位的组织网络建设,极大地扩展了组织网络的覆盖面和影响力。同时,充分发挥社团组织作用,变体育部门唱"独角戏"为体育社团组织"百花齐放",各社团组织除经常性开展全民健身活动和竞赛外,还活跃于全市各晨晚练健身点,开展健身技能培训和科学健身知识传授等志愿服务,使城乡居民真正就近共享便利化科学健身服务。

3. 健身手册信息内容的供给现状

江苏省体育局积极贯彻省人民政府和国家体育总局共建公共体育服务体

系示范区合作协议,强化公共体育服务职能,不断提升公共体育服务水平。在这个过程中,江苏省体育局面向全省居民,按照便利化服务要求,整合全省全民健身服务资源,组织编制《江苏省全民健身服务指南》(以下简称《指南》)。《指南》纸质版分为省册和13省辖市市册,共计14册。健身群众可以通过健身手册全面了解当地主要的全民健身服务场地服务项目和开放时间、重要的全民健身特色品牌活动举办时间地点和参与方法、主要的体育社会组织简介和联系方式、部分体育用品商店的地点和电话等信息内容、当地部分健身专家和社会体育指导员信息等,为群众提供了全面而便利的全民健身咨询服务。

从《指南》提供的信息内容来看,共分为四个部分,即体育场地(馆)设施信息、科学健身服务信息、体育组织信息、年度常规体育赛事与活动信息。具体内容如下。

(1)体育场地(馆)设施信息

体育场地(馆)设施信息主要包括场馆介绍、公交路线、地铁路线、服务项目、场馆服务开放时间、开放范围、预约方式、联系方式、场馆地址等方面。

(2)科学健身服务信息

科学健身服务信息主要包括健身知识信息和运动健康专家信息两部分。健身知识信息主要包括疾病信息简介、健身锻炼原则、健身锻炼方法、健身锻炼注意事项等。运动健康专家信息主要包括运动专家个人基本信息(姓名、性别、出生年月、职称、单位、联系方式等)、专家简介(研究方向、研究成果、获奖情况等)、主要专长三个方面。

(3)体育组织信息

体育组织信息主要包括社团简介、地址、联系方式三个方面。

(4)年度常规体育赛事与活动信息

年度常规体育赛事与活动信息主要包括赛事活动简介、主办单位、承办单位、活动时间、报名办法、联系方式和活动地点等。

4. 苏州智慧体育现状

智慧城市建设是贯彻党中央、国务院创新驱动发展、新型城镇化建设、建设小康社会的重要举措。智慧体育是智慧城市的重要组成部分,对于转变传统体育发展观念和粗放式体育发展模式有着重要的意义。《国家智慧城市试点暂行管理办法》和《国家智慧城市（区、镇）试点指标体系（试行）》对智慧体育建设明确了目标和要求：要高度重视、抓住机遇，通过积极开展智慧体育建设，提高体育设施服务覆盖率、使用率，提高公共体育服务水平，促进体育事业的转型升级与创新发展。

苏州市"数字苏州"建设使城市的信息化和数字化水平显著提升，信息化指数位列全省第一，数字化水平位居国内大中城市的前列。苏州市的数字传输主干网质量位列全省第一，电子政务工作处于全国领先水平，社会信息化建设与城市发展同步推进，城市信息化总体水平大大提高。以"智慧民生""智慧教育""智慧政府""智慧旅游"等为目标的"智慧苏州"框架已基本形成。苏州市体育信息化建设经过多年发展，网络与通信基础基本建成，政务系统的网站建设初具规模，体育竞赛管理系统已经投入使用，改版了体育信息网门户网站，新版OA系统投入应用，免费发送健身知识短信255万多条，"10分钟体育健身圈"电子地图正式上线，场地查询、赛事活动查询等服务功能投入使用。信息服务在全民健身、体育产业等领域具有广泛的应用空间，在提升体育现代化管理水平和综合发展能力方面具有创新驱动作用。

总体看来，苏州市信息化推进速度滞后于体育事业的发展，体育信息化的整体效益尚未完全发挥。主要体现在：第一，体育信息资源分散，缺乏高效整合途径及应用平台。应用系统开发、数据整合、数字产业、信息采集，以及"人、财、物、管、建"五位一体的信息化整体格局尚未形成。第二，对服务于公众的体育信息资源应用内容开发不足，交互性差。第三，信息数据质量差，智能化程度低，数据的综合利用率不高。第四，资金与人才缺乏，制约信息化的应用、推广和发展。

针对苏州市体育信息化工作面临的问题和不足，苏州市智慧体育的发展目标以整合利用现有网络信息资源和不断完善系统服务功能为重点，建成集信息开发、应用、管理、服务一体化，上下贯通、运转协调、便捷高效的苏州市智慧体育信息化体系，紧扣以体育信息化引领体育现代化这一主线，以建立"一库两网三化"为目标，"一库"即苏州智慧体育云计算（数据库）中心，"两网"即公共服务外网、业务办公内网，"三化"即体育产业信息化、竞技体育信息化和群众体育信息化。构建市体育信息云计算中心框架体系，制订数据结构、标准、管理制度、实施计划及方案。开展体育事业核心领域信息化应用，重点在竞技体育、全民健身工程、体育产业三大领域有所突破。主要任务如下。

（1）"智慧体育"基础设施工程建设

以苏州市体育城域网建设为起点，做好体育城域网建设和体育系统各部门各直属单位的信息平台迁移、整合工作，做好苏州市体育信息系统安全等级保护定级，加强应对网络攻击、网络入侵、网络窃密的防范能力和预警检测、容灾备份、应急处理能力。依托云计算、物联网先进技术做好基础设施建设，提升体育设施和体育公共场所的智能化水平，为智慧体育顺利推进提供硬件基础，为"智慧竞赛""智慧健身""智慧场馆"等智慧体育项目提供可靠保障。

（2）"智慧体育"电子政务工程建设

根据公共体育服务体系示范区创建标准，围绕建设网上"智慧服务"目标，结合苏州市体育体制改革及行政管理流程再造，构建和优化体育行政机构公共服务、内部管理和决策支持系统。实施体育网站集群工程，整合局、直属单位间的资源，实现苏州体育大数据云共享；完善内容保障机制、信息公开机制及考核测评机制；运用新媒体技术丰富信息推送服务体系以加强体育信息宣传。多渠道、多手段向社会提供包括业务咨询、网上下载、网上投诉、政府采购、政府公告、办事结果查询等政务服务内容，以及便民服务、民意征集等内容，建立真正意义上的网上"智慧型政府"。

（3）"智慧体育"体育文化工程建设

整合资源，构建亲民、便民的全民健身服务体系，开发"10分钟体育健身圈"电子地图服务功能，建设特色体育数据库、体育电子图书馆、数字健身馆等远程指导网络。建设"晨晚练点""体育场馆""体质监测""社会体育指导员"数据库。提供运动处方专家指导、社会指导员查询、健身场所查询等服务。结合线上线下体育养生保健需求，形成具有苏州特色的健身养生服务体系。满足公众体育健身需求，提高人民群众身体素质、健康水平、生活质量。

（4）"智慧体育"体育产业信息化工程建设

启动苏州体育场馆服务"E卡通"工程，以市体育中心现有"E卡通"系统为核心，率先完成体育"E卡通系统"的部署，辐射到市全民健身中心和市运河公园，实现查询预定、门禁通道管理、开放消费、经营管理、特约商户等功能。以"E卡通"系统为基础，优化扩展构建市体育产业服务平台，逐步覆盖全市的健身场所和体育场馆，做到随时随地为市民提供服务。顶层设计，预留空间，做好接口，分步融合阳光卡、姑苏社保卡、苏州通卡、司机信息卡、公共自行车卡、教育E卡通、图书借阅卡等功能，最终与苏州市民卡进行对接融合，做到"一卡通用"，提升苏州体育"智慧服务"水平。

（5）"智慧体育"竞技体育信息化工程建设

按照"高水平、出人才、促健身、愉悦人"的目标，加强重点场馆设备的信息化建设。研究建设比赛图像显示系统、赛事信息传播系统和场馆对外通信系统，强化竞技体育信息资源管理，实现信息资源互联共享。研发集指挥、控制、通信、情报、监测、预测和决策于一体的竞技体育综合分析管理决策支持系统，实现竞技体育指挥控制手段的根本性变革。挖掘社会潜力，充分考虑竞技体育的需求，提高竞技体育信息化水平。

（6）"智慧体育"体育科研信息化工程建设

以服务全运会、备战省运会为主，建立运动员训练、比赛的数据库，实施体育科研信息化工程。搭建为教练员、科研工作者和行政人员提供查询分析和统计服务的平台，以便监控运动员的形态机能指标、生理指标、生化指标，从而对运动员进行合理的、系统的、科学的运动训练。

（7）"智慧体育"（云计算）数据中心建设

该中心是若干个体育信息资源数据集成的综合系统，是苏州"智慧体育"行动计划的核心工程，旨在打破部门垄断、区域沟壑、便民障碍，建立一个"互通互联、集中管理、标准统一、持续更新、服务应用"的体育云数据管理系统。一期工程主要开展针对IT系统、管理现状及业务需求的调研与评估，对价值性历史资料进行数字化，并通过标准化存储处理，实现存档集中管理，为竞体、群体、产业、科研等应用系统开发奠定基础。建立数据结构及存储规范，逐步建立起体育数据中枢系统。重点建设运动队、体育科研、体质监测、训练管理、竞赛管理、体育场馆、全民健身等数据库。完成数据库的资源整合，建成具有一定规模的"苏州智慧体育云计算数据中心"，以资源整合实现共享，实现苏州体育面向公共服务创新的战略转移。

（8）"智慧体育"体育公共场所WLAN覆盖工程

体育公共场所WLAN覆盖是"无线苏州"和"智慧城市"建设的重要组成部分，对于提升城市功能、满足信息通信服务需求意义重大。苏州体育公共场所WLAN覆盖工程建设综合考虑体育公共场所社会功能、人员聚集程度、网络资源基础等因素，优化网络布局，实行集约化建设。先争取将市体育中心、市民健身中心、运河公园、体育博物馆等公共场所纳入市级无限宽带建设计划，再逐步向区级、街道级活动中心延伸，既为市民享受快捷的体育信息应用服务，也为相关主体推送健身服务提供支持。

5. 无锡市健云智慧体质测试与科学健身指导站

无锡市智慧体质测定和科学健身指导站是全国首家"无人值守"体质测定与科学健身指导站，集体质测试自助化、器械训练数字化、远程健身指导和智能流量监控于一体。健身指导站的主要服务内容如下。

（1）提供真实可靠的体质测试数据

物联网技术在体质测试模式上的应用，无须较多人参与，即可完成体质测试。应用自动上传数据，真实可靠，还降低成本。参与体质测试的年轻人越来越多，主动参与测试的人也越来越多。

（2）为居民提供新型健身服务形式

创建一个以智能手机为载体的"健身公共服务平台"。可以使得居民自主选择不同类型健身服务产品，选择不同领域健身专家为其提供移动的、实时的健身指导服务，可以随时随地查看并更改健康档案。科学健身平台不仅对全民健身公共服务供给路径进行了优化，而且通过收集和分析大量数据，可以为公众健身的运动干预提供保障和支持。

（3）打造全民健身物联网城市网络

利用物联网和无线通信等技术建设指导站，所有锻炼者、指导者、设备的数据被融合采集，这将实现全民健身的信息统一化、采集远程化、服务专业化、健身生活化等特征。打造可量化、可视化的全民健身物联网城市网络，政府可查、可控、可观。

（4）可持续发展运营服务模式

借助现代先进科学技术建设指导站组织架构、设备配置、科学健身指导服务、运行模式等方面的标准，优化升级运营模式，大幅度降低运营成本，提高健身服务质量，构建立体的指导站运营体系，让指导站具备"自我造血"功能,可持续发展。

无锡市健云智慧体质测试与科学健身指导站提供嵌入式服务,以建设符合当地实际需求的指导站。根据国家体育总局智慧体质测定与科学健身指导站建设标准,以服务规模、设备配置、专家团队参数划分,分为国家级、省级、地市级三类。因地制宜,充分整合现有健身资源,量力而行。以人为本,充分考虑自身区域内人口、职业及行为习惯等,建设不同类型、不同层次的指导站。从运营模式上,可分为:政府出资建设,政府自主经营;政府出资建设,社会力量经营;社会出资建设,政府购买服务;混合投资、混合运营等。无锡市鼓励指导站进行不同形式的建设,并创建普惠市民、利于企业可持续发展、便于政府高效管控的长效化运营模式。

马克思主义理论的观点认为,无论是一项研究还是实践,都需要从宏观着眼,从微观入手。我们从宏观上描述了公共体育信息服务的供需状况,通过现状描述,分析并找准存在的问题及原因,从而为后面寻求解决问题的方法和路径提供帮助。

总体来看,公共体育信息服务标准体系建设问题及原因是多方面的。在这些原因中,既有宏观背景方面原因,也有国家政策方面的原因;既有体制机制方面的原因,也有社会财政方面的原因;既有发展战略方面的原因,也有地方差异方面的原因。我国公共体育服务正逐渐从理论研究进入实践发展阶段,由于存在认识能力有限、经验积累不足等客观原因,公共体育服务标准体系研究,特别是我国公共体育信息服务标准体系研究发展速度比较缓慢。公共体育信息服务标准体系作为公共体育服务标准体系的重要组成部分,正随着公共体育信息服务的发展变化,经历着一个从无到有、从稀缺片面到多元丰富的历史进程。

三、公共体育信息服务的公众满意度

了解公众需求,提高公众满意度,增强公众对政府机构的信任,是公共服务的提供者最关心的问题。公众满意度是衡量公共体育信息服务发展水平和能力的关键,公众对公共体育信息服务满意度情况如何,是体育行政部门迫切知道的问题。采用问卷调查法,从公众层面对公共体育信息服务满意度情况进行调查,掌握公共体育信息服务的公众满意度情况,可以为政府相关部门作出相关决策提供参考依据。

综合学者们评测信息服务质量使用的维度,我们通过信息表述准确性、信息发布及时性、信息内容可靠性、信息公开透明性、信息反馈渠道通畅性、信息获取方式便捷性、信息监督方式有效性及整体满意度对公共体育信息服务进行评测，并结合受众主观感受，掌握公众对公共体育信息服务的整体满意度情况。

（一）公众对公共体育信息服务的整体满意度

目前，公众主要通过非纸质信息媒体接收公共体育信息服务。调查显示，通过非纸质信息媒体接收信息服务的公众人数是纸质信息媒体的3倍多（图3-6）。从整体满意程度来看，多数人对公共体育信息服务较为满意，其中认为一般满意的公众占总数的45.36%，认为比较满意的公众占总数的35.54%，认为非常满意的公众占总数的10.82%。只有7.39%的公众表示不太满意，不满意的公众人数不到总数的2%（图3-7）。

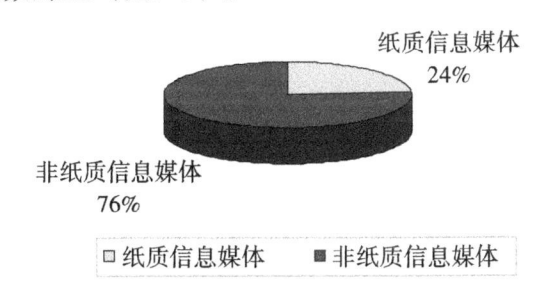

图3-6 公共体育服务信息媒体接收情况

（注：纸质信息媒体指以纸张作为载体的信息媒体，包括图书、期刊、报纸和特种文献等。非纸质信息媒体指以光电磁化材料为载体的信息媒体，如缩微型、视听型、机读型、光盘型、其他电子型信息媒体等。）

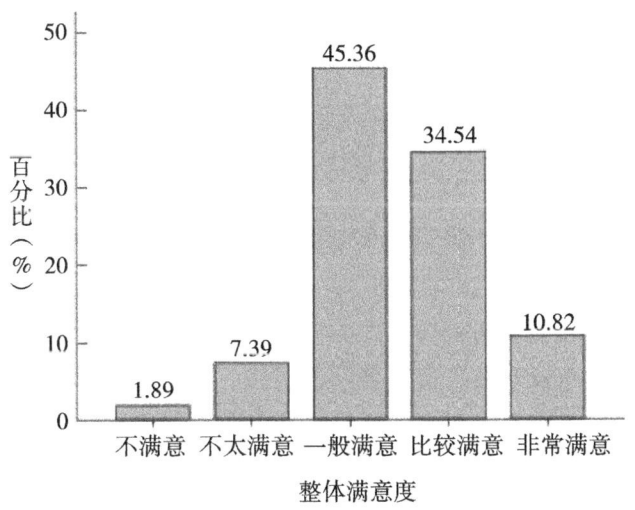

图3-7 公共体育信息服务公众整体满意度情况

从公共体育信息服务满意度的选择情况来看，根据表3-10中"满意率合计（即"非常满意""比较满意""一般满意"所占比率之和）"可以看出，公众对目前公共体育信息服务各方面的满意率均达到75%以上，说明公众对目前信息服务所提供信息的内容及质量、获取方式、反馈渠道、信息监督等方面比较认可。根据表格可以看出，公众满意程度较高的为信息表述准确性、信息内容可靠性和信息发布及时性，三项满意率合计均超过90%，其次为信息公开透明性和信息获取方式便捷性，三项满意率合计均超过85%。相比较而言，公众对信息服务的反馈渠道和监督方式的满意程度稍低一些。本文认为，在公共体育信息服务发展的初级阶段，一方面，可能由于政府对信息服务反馈渠道和信息服务监督方式的认识不深，建设相对滞后；另一方面，可能由于公众对于公共体育信息服务的了解不多，对信息反馈和信息监督等方面的服务认识还不够全面，评价相对片面。

表3-10 公共体育信息服务公众满意度情况

影响因素	非常满意	比较满意	比较满意率合计	一般满意	满意率合计	不太满意	不满意
信息表述准确性	13.4	43.6	57.0	39.5	96.5	2.8	0.7
信息内容可靠性	11.3	40.4	51.7	42.3	94.0	5.7	0.3
信息发布及时性	13.7	35.2	48.9	42.3	91.2	7.6	1.2
信息公开透明性	10.5	31.3	41.8	44.8	86.6	10.8	2.6
信息获取方式便捷性	13.6	32.8	46.4	42.4	88.8	8.9	2.3
信息反馈渠道通畅性	9.8	32.5	42.3	39.0	81.3	15.3	3.4
信息监督方式有效性	10.1	28.0	38.1	40.7	78.8	17.4	3.8

（二）公共体育信息服务的影响因素与公众整体满意度

相关分析是研究变量间密切程度的方法。我们以信息表述准确性、信息内容可靠性、信息发布及时性、信息公开透明性、信息获取方式便捷性、信息反馈渠道通畅性、信息监督方式有效性为自变量，以整体满意度为因变量，对本研究中涉及的8个变量进行双侧Pearson相关分析，汇总结果见表3-11。

表3-11 公共体育信息服务的影响因素与公众整体满意度相关分析

影响因素	整体满意度 Pearson相关系数	P值
信息表述准确性	0.617**	0.000
信息内容可靠性	0.641**	0.000
信息发布及时性	0.688**	0.000
信息公开透明性	0.719**	0.000
信息获取方式便捷性	0.730**	0.000
信息反馈渠道通畅性	0.760**	0.000
信息监督方式有效性	0.774**	0.000

注："**"表示相关性在0.01水平是显著的。

由上表可知，7个自变量P值均小于0.01，具有非常显著性的统计学意义，即信息表述准确性、信息内容可靠性、信息发布及时性、信息公开透明性、信息获取方式便捷性、信息反馈渠道通畅性、信息监督方式有效性均与整体满意度存在正相关关系。多元线性回归分析可以说明一个或多个自变量同一个因变量之间相互变化的数量关系。采用多元线性回归来探究7个自变量是否会对公共体育信息服务整体满意度产生显著影响。结果显示，$F=245.974$，$P=0.000<0.05$，回归分析具有显著性意义，回归效果显著。$R^2=0.720$，调整$R^2=0.717$，说明7个自变量与因变量的密切程度较高，即回归线对样本的数据点的拟合程度较高。回归系数汇总结果见表3-12。

表3-12 公共体育信息服务的影响因素对公众整体满意度的回归分析

模型	标准化系数β	t值	P值
（常量）	0.247	2.513	0.012
信息表述准确性	0.064	1.564	0.118
信息内容可靠性	0.154	3.634	0.000
信息发布及时性	0.036	0.951	0.342
信息公开透明性	0.140	3.995	0.000
信息获取方式便捷性	0.168	4.688	0.000
信息反馈渠道通畅性	0.169	4.229	0.000
信息监督方式有效性	0.210	5.373	0.000

注：因变量为信息服务整体满意度。

结果显示，信息内容可靠性、信息公开透明性、信息获取方式便捷性、信息反馈渠道通畅性、信息监督方式有效性与公共体育信息服务整体满意度显著相关，信息表述准确性和信息发布及时性与信息服务整体满意度的影响作用并不显著。因此，信息内容可靠性、信息公开透明性、信息获取方式便捷性、信息反馈渠道通畅性、信息监督方式有效性可以有效地预测公众整体满意度。在目前公共服务制度下，提升信息内容可靠性、信息公开透明性、信息获取方式便捷性、信息反馈渠道通畅性、信息监督方式有效性可在一定程度上提升公众对公共体育信息服务的整体满意度。

（三）公共体育信息服务整体满意度的影响因素

在公共体育信息服务中，信息内容可靠性、信息公开透明性、信息获取方式便捷性、信息反馈渠道通畅性、信息监督方式有效性是影响公众信息服务整体满意度的主要因素。这5个因素与公共体育信息服务整体满意度之间均存在正相关关系，按其影响显著性强弱依次为信息监督方式有效性（0.210）、信息反馈渠道通畅性（0.169）、信息获取方式便捷性（0.168）、信息内容可靠性（0.154）、信息公开透明性（0.140）（图3-8）。

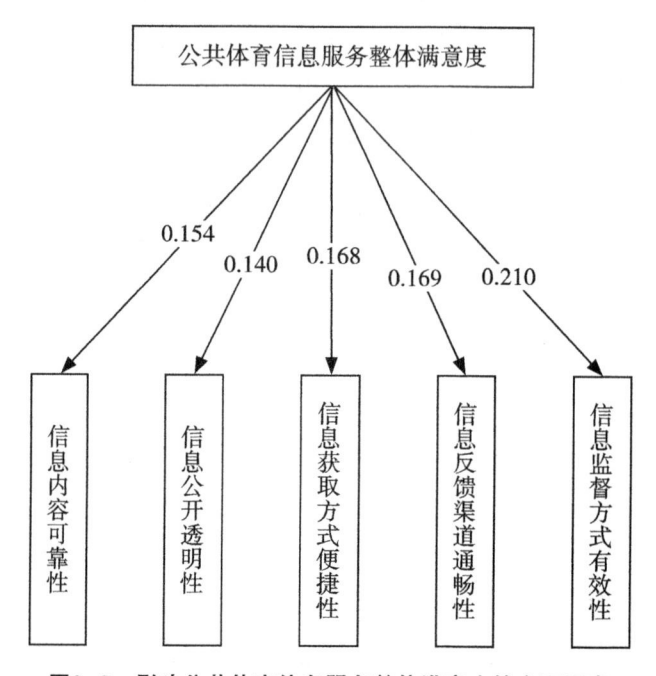

图3-8 影响公共体育信息服务整体满意度的主要因素

信息监督方式有效性是影响公共体育信息服务整体满意度最主要的因素。政府信息服务可以通过国家层面进行法律监督、行政监督,也可经过社会层面进行公民监督、新闻舆论监督等[1]。有效的信息监督方式可以规范政府信息服务标准,监督政府信息服务进程,明确政府信息服务职能,促进公共体育信息服务高效率、高质量发展,最大限度地满足公众的信息需求。所以,信息监督方式有效性对公共体育信息服务整体满意度的影响和作用非常明显。

信息反馈渠道通畅性和信息获取方式便捷性对公共体育服务整体满意度的影响作用相近。政务资源的易于获得和反馈渠道的通畅,利于提高服务效能与质量[2]。通过信息反馈渠道掌握公众的信息需求,明确信息服务目标,有效规范服务行为,提高信息服务质量,可以大大增加公众对公共体育信息服务的整体满意度。穆尔斯定律认为:"对于一个信息检索系统,如果用户使用它获取信息时比不使用它获取信息更费心、更麻烦,这个系统将不会得到利用。"可见,信息获取方式越便捷,用户信息需求就越容易转化为信息获取行为,用户需要的信息就越容易得到满足[3]。公众通过便捷的信息获取方式可以降低信息搜寻成本和时间成本,高效、方便、迅速地获取信息,从而提高公共体育信息服务的整体满意度。

信息内容可靠性和信息公开透明性也对公共体育信息服务的整体满意度产生影响。政府信息公开是我国政府部门积极推行的透明政府的重要内容,通过政府信息公开,可以保护公民知情权,提高政府运作透明度[4]。通过提高公共体育信息公开的透明性,可以促进体育行政部门依法行政,充分发挥公共体育信息在公众学习、工作和生活中的服务作用,提升公众对公共体育信息服务的整体满意度。此外,为公众提供真实可靠的信息内容,最大限度地满足公众的信息需求,也会在一定程度上提升公众对公共体育信息服务的整体满意度。

通过以上分析可见,目前公众主要通过非纸质信息媒体接收公共体育信息服务,多数公众对公共体育信息服务较满意。信息内容可靠性、信息获取方式便捷性、信息公开透明性、信息监督方式有效性、信息反馈渠道通畅性是影

---

[1] Ives, Blake Olson, Marqrethe H. The measurement of user information satisfaction [J]. Communieation of the ACM, 2004, 26 (10): 755–793.

[2] 焦玉英, 雷雪. 基于用户满意度的网络信息服务质量评价模型及调查分析[J]. 图书情报工作, 2008, 52 (2): 81–84.

[3] 寿志勤, 葛东侠, 许君, 等. 政府门户网站"在线办事"绩效评估指标体系构造研[J]. 情报杂志, 2012, 31 (3): 101–107.

[4] 谢欢. 论政府信息服务监督体系的构建[J]. 图书馆理论与实践, 2010 (9): 36–39.

响公共体育整体满意度的主要因素。影响公共体育信息服务整体满意度最主要的因素是信息监督方式有效性，有效的信息监督方式可规范政府信息服务标准，监督政府信息服务进程，明确政府信息服务职能，提高公共体育信息服务效能，最大限度地满足公众信息需求。信息获取方式便捷性和信息反馈渠道通畅性对整体满意度的影响作用相近，通过通畅的信息反馈渠道可以及时了解公众信息需求，明确信息服务目标，有效规范服务行为，提高服务质量，大大增加公共体育信息服务整体满意度。通过便捷的信息获取方式可以降低信息搜寻的时间成本，高效、便捷地获取信息，提高整体满意度。信息公开透明性和信息内容可靠性对公共体育信息服务整体满意度的影响相对较弱。通过提高公共体育信息公开透明性，可以促进体育行政部门依法行政，充分发挥公共体育信息在公众学习、工作、生活中的服务作用，提升公共体育信息服务的整体满意度。此外，为公众提供真实可靠的信息内容，满足公众对信息内容的需求，也会在一定程度上提升公共体育信息服务的整体满意度。

第四章　我国公共体育信息服务标准体系构建

公共体育信息服务包含多方面、多层次的内容，而这些层面的内容复杂地联系在一起，单一指标无法全面、完整地反映公共体育信息服务的整体水平，必须通过一系列指标全方位地呈现公共体育信息服务涉及的主要内容与层次。标准体系构建是从多个角度选取不同的指标，用以反映评价对象的不同侧面，综合起来则反映整个体系的状况。公共体育信息服务标准体系能否全面、真实、客观、准确地反映公共体育信息服务的整体水平，主要看其标准体系的指标选取能否全面、真实、客观、准确地反映公共体育信息服务的各个侧面。所以，构建公共体育信息服务标准体系时选取哪些指标来描述和构建标准体系框架是必须明确的首要问题。

公共体育信息服务体系关乎公共体育信息服务需求产生与实现的过程，此过程由按照一定逻辑顺序进行的一系列活动组合而成。想要提高公共体育信息服务质量，就要提高信息提供过程的质量。公共体育信息服务标准体系的设计是一个严密完整的链状结构，涉及各方面的问题。从"公众对体育的信息需求"开始，到如何供给公共体育信息服务并保障体系运行，再到最终"评价"，各部分逻辑严密、环环相扣、紧密关联。因此，我们以供给体育信息服务环节和政府的公共服务特性分析为基础，自上而下地划分模块，逐步找出系统组成要素，并按照体系构造要求最终形成体系结构。

为满足公众的信息需求，公共体育信息服务应该包括供给、保障、评价三个部分。根据公共体育信息服务满足公众信息需求的服务过程，可以将公共体育信息服务标准体系的一级指标分为供给标准、保障标准、评价标准三个部分。以公共体育信息服务标准体系构建的需求分析为前提，依据公共体育信息服务标准体系理论基础和构建原则，在借鉴国内外学者相关标准研究成果及经验的基础上，依据公共体育信息服务发展规律、现状和公众信息需求的实际，运用层次分析法构建公共体育信息服务标准体系。

一、公共体育信息服务标准体系需求

随着信息化的普及和信息技术的发展，信息服务标准体系构建需求日益受到人们的重视。信息服务标准体系的构建，能够进一步加强不同地区间的信息整合，促进社会合作并提高服务效率。我国政府高度重视公共体育服务工作，以保障人民群众基本体育权益为出发点，不断强化政府公共体育服务职责，创新公共体育服务方式，扩大公共体育服务供给，提高公共体育服务水平和能力，从而更好地满足社会公众日益增长的公共体育服务需求。不断加强公共体育信息服务建设，通过网站、App、电视电台、报纸杂志、宣传栏等大力宣传普及公共体育服务，使得更多的公众可以方便快捷地获得公共体育服务相关的场地设施信息、体育活动信息、健身指导信息，为公共体育服务的开展奠定了基础，提供了保障。

公共体育信息服务的实质是服务，通过公共体育信息服务的中介作用，可以将信息传达给公众，使公众了解、认识公共体育服务。从传播学的角度来看，公共体育信息服务的过程就是公共体育信息流动的过程。拉斯韦尔的"五W"信息传播模式包括5个要素：谁、说了什么、通过什么渠道、对谁说、产生了什么效果。拉斯韦尔的传播过程模式具体由5个要素和两个可能出现的环节构成，即传播者、信息、媒介、受众、效果及可能出现的噪声和反馈[1]（图4-1）。

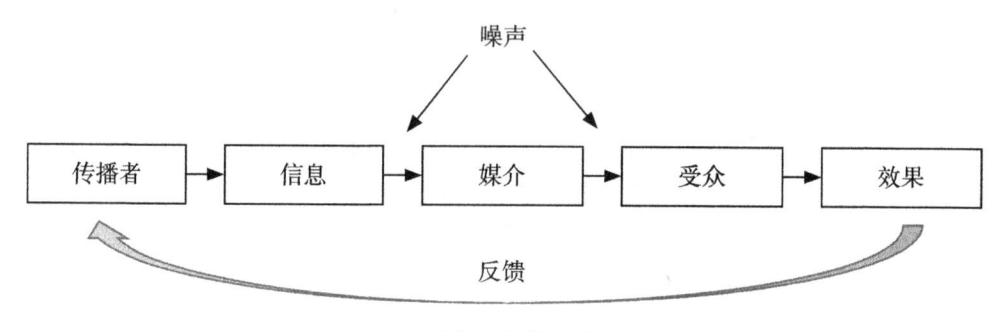

图4-1 拉斯韦尔传播过程模式

---

[1] 段鹏.传播学基础：历史、框架与外延[M].北京：中国传媒大学出版社，2006：5.

第四章 我国公共体育信息服务标准体系构建

公共体育信息服务工作开展过程中，在一定程度上暴露了公共体育信息服务对标准的需求。从拉斯韦尔传播模式的基本框架看，这种需求主要体现在服务人员、信息内容、服务媒介、受众、服务效果5个方面。

（一）服务人员标准需求

传播者是信息传播活动的起点。信息服务人员在公共体育信息服务传播过程中负责收集、整理、处理、加工和传播公共体育服务信息，扮演着传播者的角色。目前，从江苏省公共体育信息服务的调研情况来看，江苏省公共体育信息服务主要由省体育信息中心来提供，信息服务人员共有9人；苏州市公共体育信息服务主要由市体育信息中心来提供，信息服务人员共有11人；其余各市、县级等部门的公共体育信息服务主要由各办公室的1~2名人员来提供。从江苏省体育信息中心和苏州市体育信息中心的基本情况可以看出，公共体育信息服务人员需要承担的信息服务工作内容比较多。其他地区只有1~2名信息服务人员承担公共体育信息服务工作，信息服务人员相对较少，工作内容较多，因此很难保证公共体育信息服务的数量和质量（表4-1）。此外，多数信息服务部门的负责人还指出，现在部门内部信息服务人员在公共体育信息服务方面的理论基础较薄弱，相对缺乏信息服务方面的知识和能力，所需的具有一专多能的综合知识和技能的服务人员较少。公共体育信息服务的特点是服务的标准和范围弹性空间较大，公共体育信息服务人员在服务的过程中，对信息服务的深度和信息内容的宽度起决定性作用，信息服务人员的素质在很大程度上影响着公共体育信息服务的效果。因此，规范公共体育信息服务流程，对目前公共体育信息服务人员标准制定是非常必要的。

表4-1 体育信息中心基本情况

部门	主要职能	内设机构	人员数量
江苏体育信息中心	△协助局办公室制定并组织落实信息化工作方针、政策及发展规划，负责全省体育信息工作 △推行电子政务，组织并指导全省体育网络技术人员的业务培训 △局系统办公自动化的推广、管理及技术维护工作 △江苏体育网的维护、更新工作，充分利用信息平台，设立全省体育信息库	信息资料部 技术保障部	9人

(续表)

部门	主要职能	内设机构	人员数量
江苏体育信息中心	△整合局系统网络信息资源，广泛搜集全民健身、奥运争光和体育产业等方面的信息，为领导决策和体育事业发展提供信息咨询服务 △面向社会开展体育信息服务，大力推进信息成果的市场开发和运用 △江苏体育信息的编辑、印发和江苏体育年鉴、体育文史工作 △完成省体育局交办的其他工作	信息资料部 技术保障部	9人
苏州体育信息中心	△组织实施市体育信息化建设发展规划和标准化建设，负责全市体育信息资源的开发和利用 △负责市体育城域网、体育政务信息网及微信平台的建设、运行、维护和安全管理 △承担市体育局机关电子政务、信息化设备的技术支撑和保障服务工作	综合管理科 信息化推进科 信息保障科 运行维护科	11人

（二）信息内容标准需求

信息内容是传播活动的中心，公共体育信息服务从其本质上来说是公共体育服务信息的流动。所以公共体育服务信息是公共体育信息服务的基本构成之一，研究公共体育信息服务标准必须弄清其信息的概念和本质。为了能从现实生活中理解公共体育服务信息的含义，需要从实用角度来理解信息。公共体育信息服务是提供公共体育服务信息的社会活动，信息服务人员将公共体育服务信息传递给公众，从而实现公共体育信息服务的最大效益。社会化的信息是经过人的大脑提取自然信息并进行思维加工而形成的，它既可以是直接传递和交流的原材料信息，也可以是经过一定判断、推理、加工和组合而成的具有概念、公理、定义和理论的信息聚集态的知识，因此信息学意义上的信息概念的本质就是具有知识内核的信息，而且主要是信息聚集态的知识[1]。所以，公共体育信息服务中所提及的信息，就是具有公共体育服务知识内核的信息，而且

---

[1] 齐虹.信息中介规则——信息服务原理研究［M］.北京：中央编译出版社，2012：18.

主要是指公共体育服务信息聚集态的知识。

对公共体育服务信息本身的需求是公众对公共体育服务最根本的需求。齐虹认为，由于信息本身的诸多属性，用户对信息的需要主要涉及对信息内容的需要、对信息类型的需要、对信息质的层次的需要、对信息质量的要求和对信息数量的要求[1]。由于信息本身具有诸多属性，公众对公共体育服务信息的需求必然涉及许多方面，我们可以从信息本身的属性来对公共体育服务信息标准的需求进行分析，认为公众对公共体育服务信息标准的需求主要包括对公共体育服务信息内容标准的需求、公共体育服务信息类型标准的需求、公共体育服务信息质的层次标准的需求、公共体育服务信息质量标准的需求和公共体育服务信息数量标准的需求五个部分。其中，公共体育服务信息内容标准需要通过提供特定的公共体育服务信息内容来帮助解决公共体育服务问题。从公众参与公共体育服务的实际情况来看，他们最关心的问题是在哪里进行体育活动、怎样进行体育活动、进行哪些体育活动。所以，根据这些问题，公共体育服务信息内容标准需要明确公共体育服务的场地设施信息内容、体育活动信息内容和健身指导信息内容。王才兴认为，从市民参加体育活动的实际看，人们的基本体育需求应包括场地设施、组织指导、健身活动等[2]，这在一定程度上可以说明公共体育服务信息内容与人们基本体育需求内容相一致。公众基本体育需求和解决问题的实际均对公共体育服务场地设施、体育活动和健身指导方面的信息标准提出了需求。公共体育服务信息类型标准需要确定公众获取信息的形式，如文字信息、图像信息、口头信息等；公共体育服务信息质的层次标准需要确定信息质的层次，如未加工的原材料、加工的半成品或深加工的成品等；公共体育服务信息质量标准需要从信息本身衡量信息的可靠性、准确性、完整性、真实性等；公共体育服务信息数量标准需要从信息数量上满足公众需求，在数量上处理好度的问题。

（三）服务媒介标准需求

随着科技的不断发展，信息化水平不断提高，信息传播媒介日趋多元化，信息传播手段日益丰富，媒介对社会经济、政治、文化等产生了极大的影响。施拉姆认为："媒介是插入传播过程中扩大延伸信息的传送工具。"[3]段鹏认

---

[1] 齐虹.信息中介规则——信息服务原理研究[M].北京：中央编译出版社，2012：49.
[2] 王才兴.构建完善的体育公共服务体系[J].体育科研，2008（2）：1-13.
[3] 威尔伯·施拉姆，威廉·波特.传播学概论[M].北京：北京新华出版社，1984：144.

为："传播媒介介于传播者与受传者间，是用来传递、负载、延伸特定符号的物质实体。一是信息传递的工具，如网络、计算机等；二是信息采集、加工的机构，如电台、报社等。"[1]所以，媒介是信息传播的渠道，是介于传播者与受传者之间的中介物。公共体育服务的媒介就是介于公共体育服务信息传播者与信息受传者之间的中介物。

调查显示，目前公共体育服务的媒介主要有网站、手机、电视电台、宣传栏、报刊、宣传手册等。网站和手机是公众获取公共体育服务信息的主要渠道[2]。从国家体育总局等17个部门的门户网站建设情况来看，体育行政部门围绕公共体育信息服务，对网站信息资讯发布、信息查询检索、信息互动交流和信息监督反馈功能等进行建设，传播、发布、共享和反馈公共体育服务信息，围绕体育向公众提供有针对性的公共服务，取得了一定的进展。但从政府网站的公共体育服务板块建设情况来看，公共体育服务界面还不够突出，内容冗杂混乱，建设标准不一；不同地区网站信息服务功能发展水平存在一定差距，信息服务功能建设有待进一步提高和完善[3]。在公共体育服务信息传播过程中，媒介起到了桥梁和纽带作用。通过媒介功能传递服务信息，可以满足公众对公共体育服务信息的需求。但是，由于目前我国公共体育信息服务工作还处于初步发展阶段，不同地区在公共体育服务媒介方面的建设存在一定差距，媒介功能建设标准不一，需要对媒介功能建立统一的标准。

（四）服务效果评价需求

传播效果是指传播者发出的信息经媒介传至受众而引起的受众思想观念、行为方式等变化[4]。公共体育信息服务行为付诸实施，是想通过公共体育服务信息的传播将公共体育服务传递给公众，使得公众能够了解、认识并接受公共体育服务。公共体育信息服务传播效果是公共体育信息服务过程的最后一个环

---

[1] 段鹏.传播学基础：历史、框架与外延[M].北京：中国传媒大学出版社，2006：166.
[2] 丁青，王家宏.公共体育信息服务传播渠道和服务功能的公众需求[J].武汉体育学院学报，2016（2）：18-24.
[3] 丁青，王家宏，陆柳，等.我国公共体育信息服务的发展现状分析及对策研究[J].南京体育学院学报：社会科学版，2015（2）：64-69.
[4] 约翰·费斯克，等.关键概念：传播与文化研究词典[M].2版.李彬，译.北京：新华出版社，2004：91.

节，却是至关重要的环节。通过对传播效果的评价，可以客观反映公众对公共体育信息服务的接收和感受等情况。将公共体育信息服务的传播效果如实反馈给信息传播者，可以使他们全面地了解和掌握公共体育信息服务的情况，以便对信息服务工作及时进行调整和有针对性地改善，从而进一步提升公共体育信息服务能力，发挥公共体育信息服务的效用。

公共体育信息服务主要包括公共体育信息服务人员、公共体育服务信息、公共体育服务媒介、公共体育信息服务受众和公共体育信息服务效果五个部分，公共体育信息服务效果是对前四个方面内容的监督、检测和评价。目前，我国政府部门还没有出台针对公共体育信息服务的相关评价标准，公共体育信息服务建设内容不一、参差不齐，公共体育信息服务工作亟待规范化和标准化，急需建立可参考、可操作的公共体育信息服务评价标准。

实践证明，标准是规范公共服务各项工作的重要基础。在充分认识和分析公共体育信息服务各部分标准需求的基础上，为规范公共体育信息服务的工作进程，制定相应的标准体系，对于提高公共体育信息服务水平和能力具有十分重要的理论和现实意义，同时也对夯实公共体育信息服务工作基础并为公众提供符合需求的公共体育信息服务提供了保障和支撑。

二、公共体育信息服务标准体系构建

标准体系是一定范围内标准按其内在联系形成的科学有机整体。GB/T 24421—2009《服务业组织标准化工作指南》中，将信息标准划分为三个部分，即信息通用标准、信息管理标准、信息应用标准[1]。构建公共体育信息服务标准体系，应以信息服务为基础、以公共体育服务集成为载体、以第三方运营服务为枢纽，旨在针对社会公众的公共体育信息服务的实际需求，通过区域覆盖的综合示范，面向社区、面向家庭、面向个人提供功能明确、网络健全、惠及全民的公共体育信息服务。坚持以人的全面发展为核心，充分发挥标准工作对构建公共体育服务体系的支撑作用，实现公共体育信息服务的标准化，可以切实提高人民生命和生活质量，保障和改善民生（图4-2）。

---

[1] 全国服务标准化技术委员会. 服务业组织标准化工作指南［M］. 北京：中国标准出版社，2010：19，55-59.

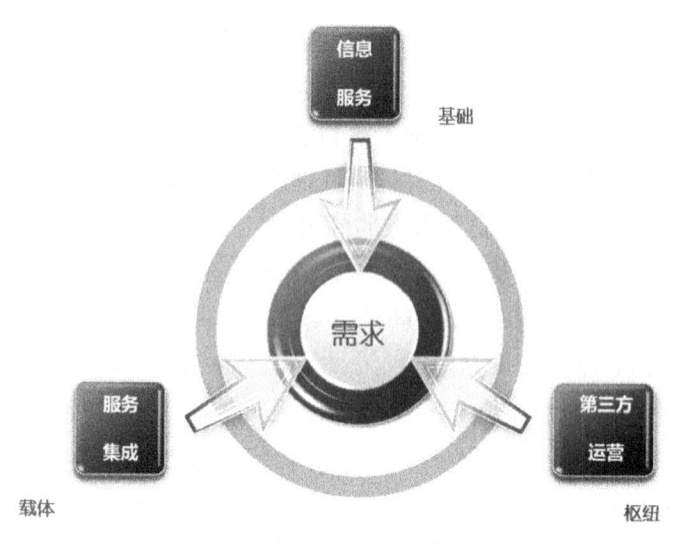

图4-2 公共体育信息服务标准体系建设构想

根据公共体育信息服务开展现状及公众的实际需要，可以将公共体育信息服务标准体系划分为三个部分，即供给标准体系、保障标准体系和评价标准体系。框架结构如图4-3所示。供给标准体系是保障标准体系和评价标准体系的基础，保障标准体系对供给标准体系起保驾护航的作用，评价标准体系对供给标准体系和保障标准体系起检验和监督的作用。

供给标准体系	保障标准体系	评价标准体系
供给标准体系是保障标准体系和评价标准体系的基础	保障标准体系对供给标准体系起保驾护航的作用	评价标准体系对供给标准体系和保障标准体系起检验和监督的作用

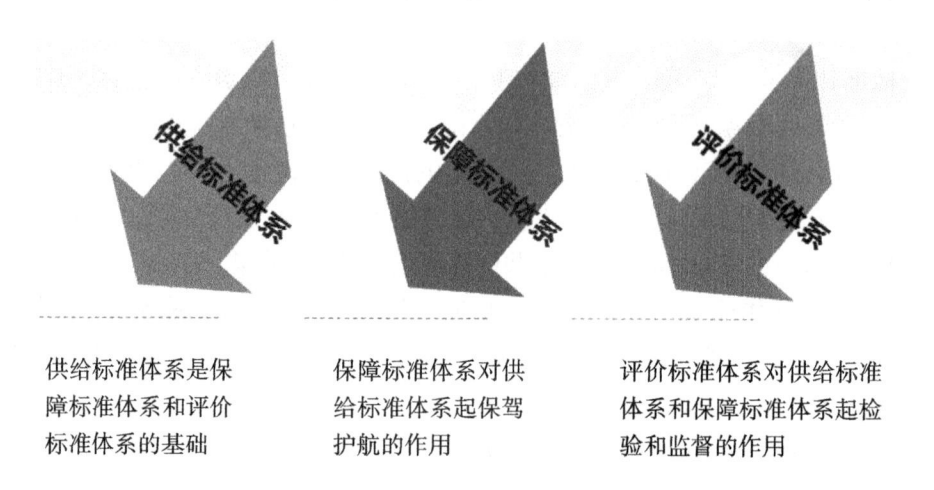

图4-3 公共体育信息服务标准体系框架结构及作用

根据信息传播学创始人拉斯韦尔提出的信息传播的"五W"模式框架，公共体育信息服务主要包括公共体育信息服务人员、公共体育服务信息内容、公共体育信息服务媒介、公共体育信息服务受众和公共体育信息服务效果五个部分。据此，公共体育信息服务标准体系应包括公共体育信息服务人员标准、公共体育服务信息内容标准、公共体育信息服务媒介标准、公共体育信息服务受众标准和公共体育信息服务评价标准。其中，公共体育服务信息是公共体育信息服务的基础，信息内容标准属于供给标准体系，基础通用标准也属于供给标准体系；媒介和信息服务人员是公共体育信息服务的保障，媒介标准、服务人员标准属于保障标准体系；公共体育信息服务受众和效果评价是公共体育信息服务的成效，其对应的公共体育信息服务受众标准和评价标准属于评价标准体系。

（一）供给标准体系构建

公共体育信息服务供给标准体系位于公共体育信息服务标准体系的最上位，从功能上看，它是标准体系的重要组成部分，为信息服务标准工作提供宏观指导。服务供给标准体系层次结构如图4-4所示，包括基础通用和信息标准。基础通用标准普遍适用于服务业，具有广泛指导作用，是服务业组织建立和实施标准体系时应遵循的一些通用或基础标准的集合[1]。

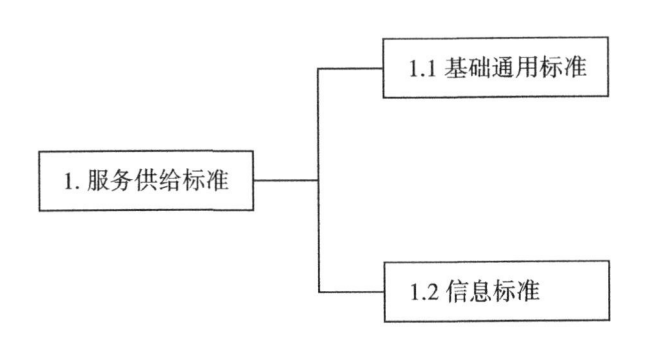

图4-4 公共体育信息服务供给标准体系框架结构

基础通用标准：在一定范围之内，作为其他标准的基础且被普遍使用的标准[2]。主要研制公共体育信息服务的服务适用范围、规范性引用文件、术语和定义等方面的标准（图4-5）。

---

[1] 全国服务标准化技术委员会.服务业组织标准化工作指南[M].中国标准出版社，2010：19，55-59，38.

[2]《基础通用标准》[EB/OL].https://baike.baidu.com/item/基础通用标准/5167532?fr=ge_ala.

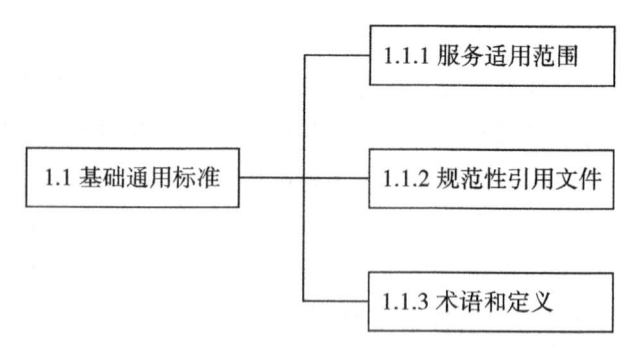

```
                    ┌── 1.1.1 服务适用范围
  1.1 基础通用标准 ──┼── 1.1.2 规范性引用文件
                    └── 1.1.3 术语和定义
```

图4-5 基础通用标准

信息标准：结合信息本身的属性，信息标准应主要包括信息内容、信息类型、信息质的层次、信息质量、信息数量五个方面。根据公共体育信息服务的现状及公众对公共体育服务信息的基本需求，我们所建立的信息标准主要为公共体育服务的信息内容标准，主要包括场地设施信息标准、体育活动信息标准和健身指导信息标准三个方面（图4-6）。

```
                    ┌── 1.2.1 场地设施信息标准
  1.2 信息内容标准 ──┼── 1.2.2 体育活动信息标准
                    └── 1.2.3 健身指导信息标准
```

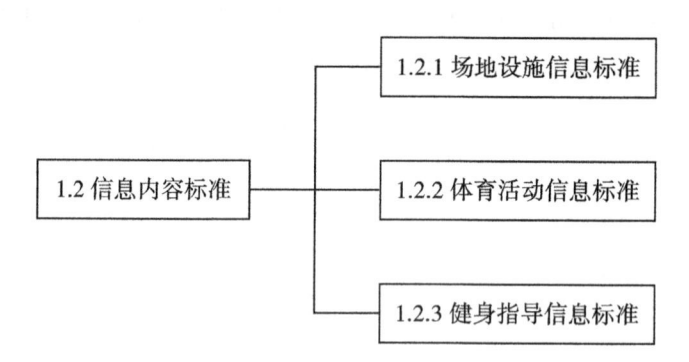

图4-6 信息内容标准

从目前公共体育信息服务的实际来看，信息内容标准的观测点主要包括以下内容。如表4-2所示。

表4-2 公共体育信息内容标准及观测点

信息内容标准	观测点
场地设施信息标准	学校体育场地设施开放信息
	城市"10分钟体育健身圈"信息
	标准健身步道信息
	全民健身中心信息

（续表）

信息内容标准	观测点
场地设施信息标准	市级"两个中心"信息 县（市、区）"新四个一工程"信息 乡镇（街道）"三室一场一路径"信息 行政村（社区）"两室一场一路径"信息 公共体育场地维护信息
体育活动信息标准	年度国家级及以上竞技体育赛事信息 年度省级竞技体育赛事信息 年度开展群众性体育活动信息 年度开展本级及以上特殊人群体育活动信息
健身指导信息标准	晨晚练健身站点信息 社会体育指导员信息 3A级以上体育社团信息 体质测定信息 体育健身培训信息

（二）保障标准体系构建

从公共文化服务的角度来看，基本公共文化服务保障标准应体现公民基本权益、政府职责、地方特色、未来发展，涵盖公共文化服务设施、产品资源配置、人员配备、经费投入等[1]。促进基本公共文化服务标准化，应立足现有国情，使全体公民均能获得均等的公共文化服务，基本公共文化服务保障标准应保障公民基本文化权益，使文化惠及社会公众[2]。制定符合实际需要的公共体育信息服务保障标准，可以使各级体育行政部门更好地履行与其职能相适应的公共体育信息服务职能，明确信息服务内容，切实保障服务运行，建立制度化的约束标准，使公共体育信息服务获得最佳秩序和效能。根据拉斯韦尔的

---

[1] 阮可.我国基本公共文化服务保障标准研究[J].中国出版，2015，12：11-15.
[2] 中国新闻网.文化部部长蔡武谈全面深化文化体制改革新举措[EB/OL].[2014-03-12].http://www.scio.gov.cn/m/zhzc/35353/35354/Document/1505568/1505568.htm.

"五W"传播模式,我们主要从公共体育信息服务人员和媒介两个方面对公共体育信息服务保障标准体系进行构建,如图4-7所示。

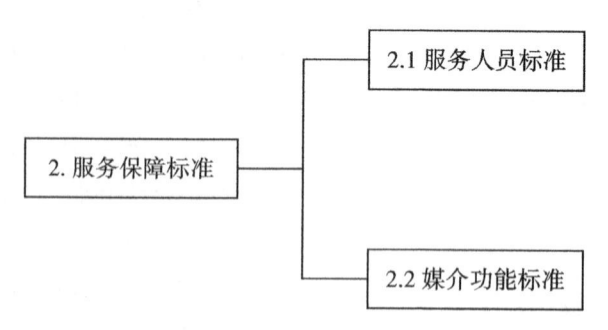

图4-7 公共体育信息服务保障标准体系框架结构

1. 服务人员标准

信息服务人员是连接公众和信息的纽带,可以帮助公众获取所需的公共体育服务信息。公共体育信息服务过程中需要建立相应的信息服务人员标准,使信息服务人员在复杂的网络环境和技术条件下,与公众更加方便快捷地沟通与交流,更快更好地为广大公众提供所需的公共体育服务信息。1996年,美国参考咨询与用户服务协会提出《参考咨询与信息服务人员行为指南》。指南的设计主要是针对图书馆馆员与用户之间的互动方式,包括平易近人、充满兴趣、倾听/提问、检索和跟踪五个方面[1]。

人类行为是一系列生物、心理、社会现象综合于人身的行动表现[2]。信息服务人员的行为具有可塑性,随着信息服务活动的发展和变化,信息服务人员的行为也不断改变。公共体育信息服务人员的行为必须反映其信息服务职业活动的客观要求,也就是公共体育信息服务人员本身的技术能力和服务人员的流动性。由此,我们从信息服务人员数量及流动性和自身技术能力方面对服务人员标准进行构建(图4-8)。

---

[1] RASD.Guidelines for Behavioral Perfarmance of Reference andInformation Services Prefessionals [M]. Winter, 1996: 200-203.

[2] 张文娟,郝艳华,吴群红,等.突发公共事件公众应急能力评价的概念框架探讨[J].中国公共卫生管理,2013(5): 578-580.

第四章 我国公共体育信息服务标准体系构建

```
                    ┌─ 2.1.1 服务人员技术能力标准
2.1 服务人员标准 ──┤
                    └─ 2.1.2 服务人员数量及流动性标准
```

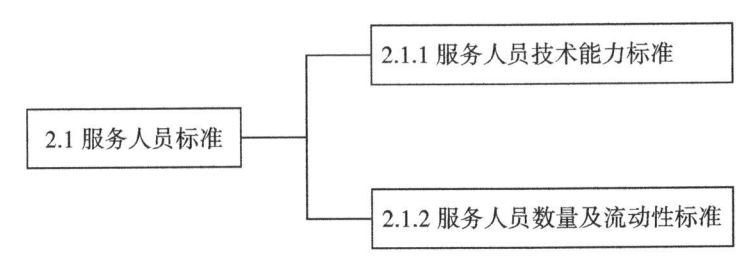

图4-8 服务人员标准

（1）服务人员技术能力标准

公共体育信息服务随着信息技术、科技创新、体育设施普及，通过体系建设可以实现公共体育信息服务的科学化、多元化和标准化。图书馆咨询馆员的理想是"人们能够自由、平等、方便地利用信息服务"[1]。咨询馆员以服务用户作为行为准则，以满足用户的需要为最终目的。2009年国务院办公厅下发的《国家体育总局主要职责内设机构和人员编制规定》（国办发〔2009〕23号）的职责调整中提到要推进体育公共服务和体育体制改革，推动多元化体育服务体系建设，统筹规划群众体育发展，负责推行全民健身计划等职责[2]。公共体育服务的任务决定了其信息服务人员应努力为公众提供满足其需要的公共体育服务信息。无论公共体育信息服务工作多苦、多累，为满足公众需要，公共体育信息服务人员都应该坚持理想，为公众服务。

公共体育信息服务以提供公共体育服务信息为基础，基于互联网、物联网、云计算、大数据等技术，高效调动和利用公共体育服务信息资源，进行公共体育信息服务的供给。作为公共体育信息服务人员，其信息服务技能主要应包括两个方面，即相关背景知识和信息服务能力。相关背景知识包括与公共体育服务相关的专业知识、与信息服务相关的专业知识。从公众基本体育需求来看，公共体育服务方面应主要掌握公共体育服务场地设施、体育活动和健身指导的知识；信息服务方面应主要掌握现代通信、计算机技术等专业知识，能够根据公众信息需求对公共体育服务信息进行搜集与整理、发布与共享等。信息服务能力包括了解公众的公共体育信息服务需求，解决公众的公共体育信息服务问题，提供公众满意的公共体育信息服务等。由此，公共体育信息服务人员技术能力标准应至少包括服务人员技术职称、学历、知识技能三个观测点。

---

[1] 曹树金，陈忆金.论图书馆精神与图书馆价值观[J].图书馆论坛，2005（5）：4-10.
[2] 中华人民共和国中央人民政府.国家体育总局主要职责内设机构和人员编制规定[R/OL].http://www.gov.cn/banshi/qy/rlzy/2012-11/29/content_2278256.htm.

（2）服务人员数量及流动性标准

公共体育信息服务的人员对于各类信息服务的组织、管理和供给负有非常重要的责任。我们可以通过公共体育信息服务人员的工作来关注某个或某类信息服务人员的流动性。人力资源规划通常有如下内容[1]：人员质量规划，即要什么样的人；人员数量规划，即要多少这样的人；人员动态管理机制，即如何找到并留住这样的人等。第一，通过研究可以发现公共体育信息服务人员这类特殊人群的数量和流动性特点；第二，人员数量及流动性会直接影响标准体系建设，根据其数量和流动性规律制定标准有助于公共体育信息服务体系的调控。服务人员数量、服务人员占常住人口比例、服务人员流动性。

2. 媒介功能标准

公共体育信息服务媒介介于信息服务传播者和受传者之间。通过媒介，信息服务传播者和受传者可以相互交流信息，建立联系。在信息服务过程中，媒介起到了重要的桥梁和纽带作用，可以帮助公众获取所需的公共体育服务信息，并满足公共体育服务信息需求。目前，公共体育信息服务主要的媒介有网站、手机App、电视电台、报纸、宣传栏、宣传册等。从江苏省公共体育信息服务的调研情况来看，当前公共体育信息服务主要通过网站和手机App向公众提供，其他媒介为辅助。

从政府网站的功能来看，主要有政务信息公开、在线事务办理、公众参与互动[2]。在网络环境下，政府与公众基于虚拟网络进行交流与沟通，公众通过虚拟网络获取信息并满足信息需求。我们根据江苏省公共体育信息服务的实际情况，参照不同媒介在提供公共体育信息服务过程中体现的功能，主要针对网站和手机App两种媒介的服务功能制定标准（图4-9）。

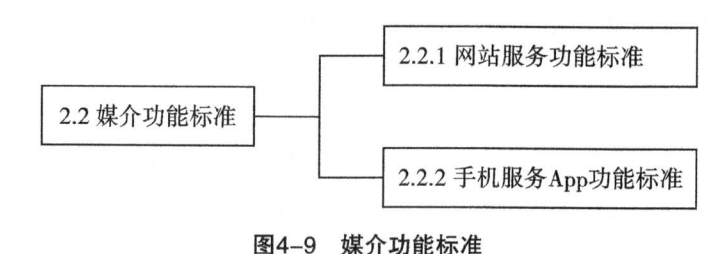

图4-9 媒介功能标准

[1]刘璐.合理规划人员数量提高配置效率[J].中国劳动，2012（2）：41-42.
[2]高洁，钱蔚蔚，米国伟.基于公众视角的政府电子信息服务质量概念阐释[J].情报资料工作，2015（6）：6-11.

（1）网站服务功能标准

目前，公共体育信息服务网站还没有建立统一的服务标准，这不利于指导和规范公共体育信息服务网站建设、开展特色鲜明的公共体育信息服务，也不利于有效地提高公共体育信息服务网站的服务效能。2016年3月28日，江苏省体育局与中国江苏网合作共建的江苏公共体育服务频道正式上线。该频道以图片、视频、文字、专题等全媒体形式，大力宣传公共体育服务体系建设，进一步体现省委省政府及省体育局在体育惠民、促进体育消费、推动经济结构转型等方面的工作成果。2012年11月，江苏省体育局发布《江苏省城市社区"10分钟体育健身圈"建设实施方案》，提出经过两年半左右的发展建设，到2015年6月底，完成全省城市社区"10分钟体育健身圈"建设任务，即在市、县（市）主城区，居民以正常速度步行10分钟左右（直线距离800~1000米）范围内，建设便民利民的公共体育设施，同时引导城市居民参加健身，开展丰富多彩的群众体育活动，为广大群众提供科学的健身服务。其中，江苏省13个省辖市已经建成网站电子地图查询系统，为百姓查询健身站点信息提供了便利。江苏省城市社区"10分钟体育健身圈"电子地图网站在公共体育信息服务网站建设方面较为成熟，具有一定的代表性和可参考性，我们可以参考电子地图网站的服务功能及内容制定网站相关标准。

对公共体育信息服务网站的服务功能进行科学的、合理的、适度超前的规划可有效推进信息服务发展，使公众方便获取和共享公共体育服务的信息资源。从江苏省城市社区"10分钟体育健身圈"电子地图网站的公共体育信息服务功能规划及实现来看，公共体育信息服务网站服务功能标准应主要包括体育场地设施查询功能、体育活动资讯发布功能、体育健身指南功能、公众互动交流功能几个观测点。

（2）手机App服务功能标准

智慧体育基于"互联网+体育"的思路，运用移动互联、大数据等现代信息技术，以提供公共体育服务为基础，构建"政府主导、企业运营、百姓受益"的运营模式，以智能化、专业化、便捷化和全覆盖的方式构建集运动健身、健康管理、娱乐休闲等功能于一体的公共体育服务信息平台。政务App可以依托移动互联网独有的便捷性，按照服务型政府要求，以需求为导向，依用户需求建设，借鉴微博、微信的优点构建应用框架。树立"以公众为中心"的宗旨，以公众需求促使政府供给，并以公众方便接收的方式提供服务[1]。

目前，具有代表性的公共体育信息服务手机App有"常享动"智慧体育服务云平台、全民健身指南App、"觅动"智慧体育平台等。

"常享动"智慧体育服务云平台的线上部分以"常享动"App为核心，以在线预订、支付、线下完成消费的模式实现公共体育信息服务。

全民健身指南App整合南京、常州绝大部分体育场（地）馆设施等资料，利用最新互联网、移动互联网等技术提供公共体育信息服务。

"觅动"智慧体育服务云平台以"Club"App为核心，整合体育健康、体育场馆、校园体育方面的信息资源，提供全方位公共体育信息服务（表4-3）。

表4-3 公共体育信息服务手机App主要服务功能

App	主要服务功能
"常享动"智慧体育服务云平台	订场馆、找教练 社交互动"约运动" 在线体质自测、健身指导咨询
全民健身指南	场馆服务 科学健身指南 体育赛事与活动指南 三维场馆 大数据统计分析
"觅动"智慧体育平台	体育健康（社区体育社交、专属运动处方、体育赛事） 便捷场馆预订 校园体育活动

注：资料来自全国基本公共体育服务体系建设现场推进会暨2016年全国群众体育工作会议材料。

根据江苏省公共体育信息服务App建设发展的实际情况，以满足社会公众的公共体育信息服务需求为出发点，公共体育信息服务手机App的服务功能标准应主要包括体育场地设施查询与预订功能、体育活动赛事发布与约战功能、体育健身指导功能、体质监测数据统计与分析功能、运动处方定制功能几个观测点。

---

[1] 费军，贾慧真.智慧政府视角下政务APP提供公共服务平台路径选择［J］.电子政务，2015（9）：31-38.

（三）评价标准体系构建

公共体育信息服务的非实体性特点对服务效果的评价造成了很大困难。信息服务本身是无形的，因此很难对其制定评价的标准。对实体性产品进行评价可以确定统一的质量标准，标准可以根据其质量的评价而确定，但是针对公共体育信息服务这种非实体性的服务，应如何确定其评价标准呢？平衡计分卡的创始人罗伯特·卡普兰（Robert Kaplan）曾提出经典的命题："如果你不能描述，就不能衡量；如果你不能衡量，就无法管理。"[1]因此，公共体育信息服务评价标准应从信息服务质量的描述着手构建。

在Web 2.0时代，新型网络服务技术应用不断涌现，公众个性化意识和参与度不断提高，对信息服务期望也越来越高。公众信息需求能否获得满足直接影响政府信息服务质量评价[2]。在公共体育信息服务过程中，公众对公共体育信息服务的需求是多样和复杂的，其期望也是随机和个性化的，很难完全把握和准确预期公众对于公共体育信息服务的期望，并针对性地为每一位公众提供他们所期望的公共体育信息服务。所以，我们应尽可能地完善公众感知到的公共体育信息服务的影响因素，通过发挥影响因素的正向功用，从而影响公众感知到的公共体育信息服务，实现其感知的信息服务超过其期望的信息服务，从而实现提高公共体育信息服务传播效果的目的。可见，针对公共体育信息服务制定评价标准不是对信息服务制定标准，而是对可以影响公众对公共体育信息服务感知因素的物质载体制定标准。

《基本公共服务均等化标准与阶段性目标研究》第十一章"我国公共文化体育服务均等化指标选择与阶段性目标"中的第三节"公共文化体育服务均等化的指标选择"明确提出：为了实现"最大多数人的最大幸福"，赋予每一位社会公众均等的体育权力，为了体现公共文化体育服务均等化的四个特性，即资源配置的公有性、服务供给的公平性、利益取向的公益性、服务主体的公众性，选择公共文化体育服务覆盖率、基础设施、流动服务和服务结果四项指标作为衡量公共文化体育服务均等化的重要指标[3]。由此，对于公共体育信息服

---

[1]罗伯特·卡普兰，大卫·诺顿.战略地图——化无形资产为有形成果[M].刘俊勇，等译.广州：广东经济出版社，2005：14.

[2]高洁，钱蔚蔚，米国伟.基于公众视角的政府电子信息服务质量概念阐释[J].情报资料工作，2015（6）：6-11.

[3]曾红颖，等.基本公共服务均等化标准与阶段性目标研究[M].北京：中国计划出版社，2013：368.

务的评价标准体系，我们结合网络环境下的公众需求、公众的公共体育服务信息行为特点和公众接收公共体育信息服务的实际过程，尝试从公共体育信息服务的服务覆盖率、基础设施、流动服务和公众满意度四个方面对评价标准体系进行构建。

由上，基于公众需求视角的公共体育信息服务评价标准体系应包括服务覆盖率标准、基础设施标准、流动服务标准和公众满意度评价标准四个部分（图4-10）。

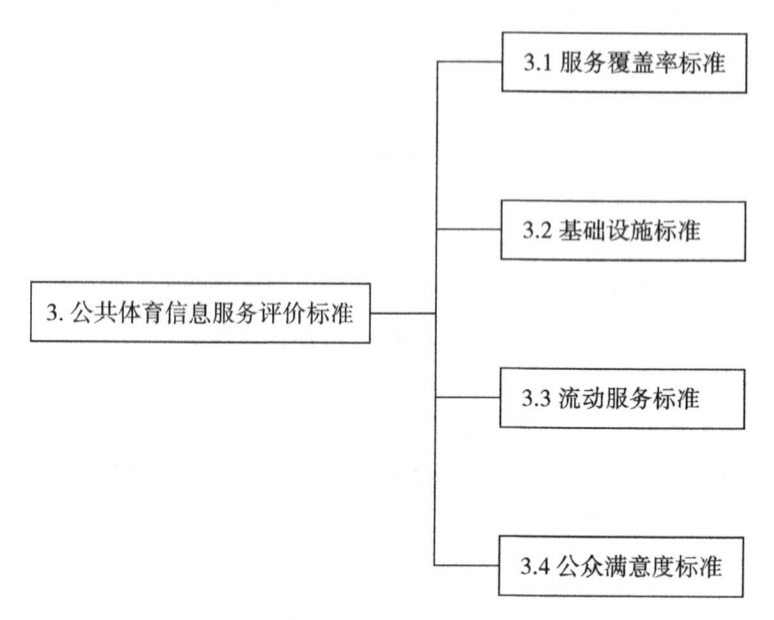

图4-10 公共体育信息服务评价标准体系框架结构

1. 服务覆盖率标准

公共体育信息服务网络基本覆盖了全国省市县区，公共体育信息服务产品的供给能力不断增强，公共体育信息服务通过网站、App应用、电视、广播、报纸、杂志等媒介，提供公共体育信息服务产品和服务，满足公众的公共体育服务信息需求，使得公众能够便捷地享受公共体育服务。"10分钟健身圈"等公共体育信息服务网站、App的建立，能够确保公众共享公共体育服务信息资源，更大限度地满足其信息需求，大大增加体育人口比例。根据体育部门工作实际，服务覆盖率标准的指标选择体育信息服务用户注册数量标准、网站点击量标准、健身指导数量标准、广播节目综合人口覆盖率、电视节目综合人口覆盖率和经常参加体育锻炼人口标准（图4-11）。

```
                    ┌─ 3.1.1 用户注册数量标准
                    │
                    ├─ 3.1.2 网站点击量标准
                    │
                    ├─ 3.1.3 健身指导数量标准
3.1 服务覆盖率标准 ──┤
                    ├─ 3.1.4 广播节目综合人口覆盖率标准
                    │
                    ├─ 3.1.5 电视节目综合人口覆盖率标准
                    │
                    └─ 3.1.6 经常参加体育锻炼人口标准
```

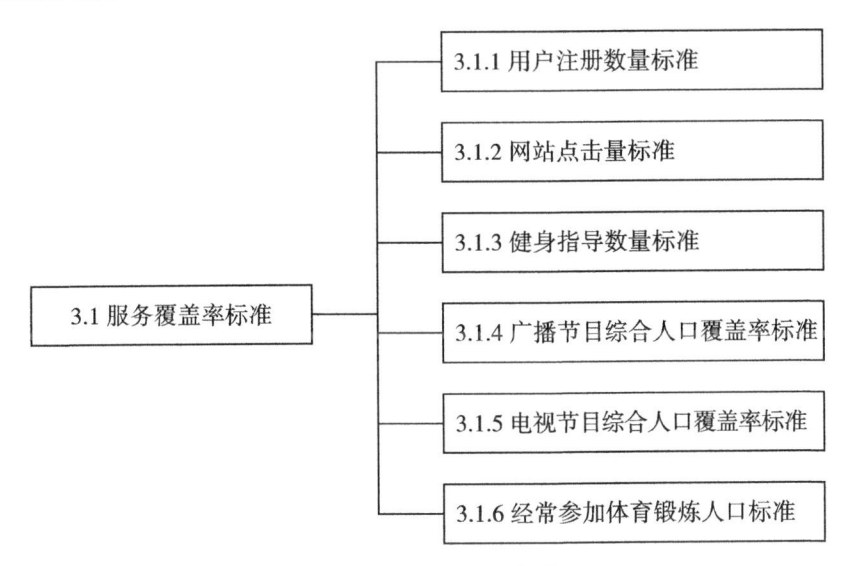

图4-11 服务覆盖率标准

2. 基础设施标准

实现公共体育服务信息的全覆盖，形成覆盖省、市、县、区的结构合理的公共体育信息服务设施网络，需要完善的公共体育信息服务基础设施建设，不断提高公共体育服务设施的利用率。依托公共体育服务部门的门户网站和App应用、电视电台的宣传广播及纸质媒介，建成覆盖城市的数字体育服务体系，能够最大限度地满足公众信息需求，实现公共体育服务信息资源的共享。据此，基础设施标准包括公共体育服务的网站数量标准、App数量标准、电视电台数量标准、报纸杂志宣传册数量标准、宣传栏数量标准（图4-12）。

```
                  ┌─ 3.2.1 网站数量标准
                  │
                  ├─ 3.2.2 APP数量标准
                  │
3.2 基础设施标准 ──┤─ 3.2.3 电视电台数量标准
                  │
                  ├─ 3.2.4 报纸杂志宣传册数量标准
                  │
                  └─ 3.2.5 宣传栏数量标准
```

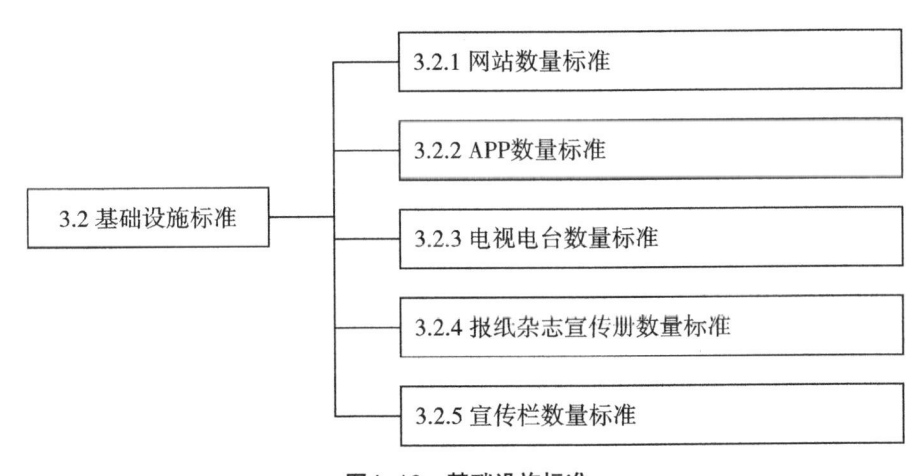

图4-12 基础设施标准

3. 流动服务标准

流动服务相对一般服务的不同之处主要在于提供服务的地点不固定，服务人员需要在服务地之间流动。对加强身体锻炼和培养健康生活方式进行宣传，针对弱势群体和贫困地区公共体育服务进行宣传，切实推进公共体育服务体系建设，确保公共体育服务延伸到城市各个角落，是开展流动服务的目标，同时也是公共体育服务普及与提高的手段与方法。建设以公共体育服务网站为依托，结合App应用、报纸杂志宣传栏等推进公共体育服务，可以在一定程度上缩小地区之间、不同人群之间的公共体育服务差距和水平。基于公共体育服务部门的工作实际，公共体育信息服务的流动服务数量标准应至少包括年体育类图书数量标准、年体育类杂志数量标准、年体育类报纸数量标准、年体育科普文化活动数量标准（图4-13）。

```
                    ┌── 3.3.1 年体育类图书数量标准
                    │
                    ├── 3.3.2 年体育类杂志数量标准
3.3 流动服务标准 ───┤
                    ├── 3.3.3 年体育类报纸数量标准
                    │
                    └── 3.3.4 年体育科普文化活动数量标准
```

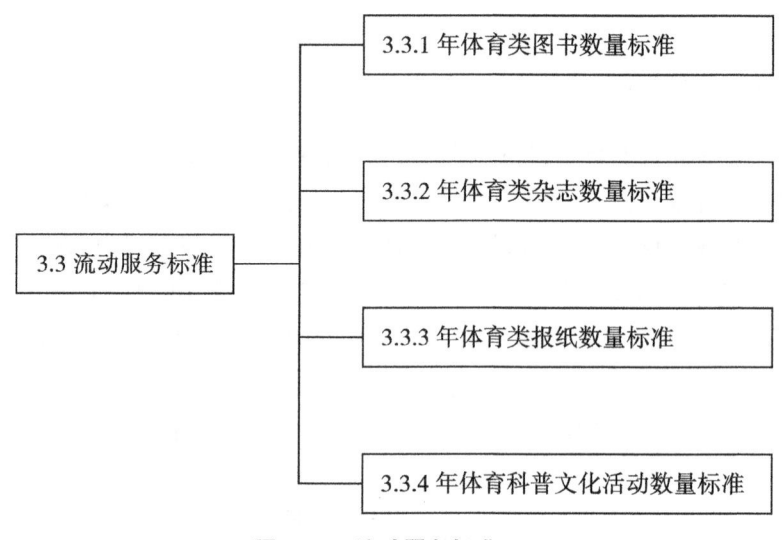

图4-13 流动服务标准

4. 公众满意度标准

公众满意度是对公共体育信息服务结果最直接的评价，通过公众满意度能够客观反映目前公共体育信息服务的开展现状，从社会公众层面对公共体育信息服务的整体情况有一个较为全面的认识和把握，对于公共体育信息服务质量的改进和提高具有非常重要的推动和促进作用。根据公共体育信息服务的主要内容，公众满意度标准应包括场地设施信息服务满意度标准、体育活动信息服务满意度标准和健身指导信息服务满意度标准（图4-14）。

```
                    ┌─── 3.4.1 场地设施信息服务满意度标准
                    │
3.4 公众满意度标准 ──┼─── 3.4.2 体育活动信息服务满意度标准
                    │
                    └─── 3.4.3 健身指导信息服务满意度标准
```

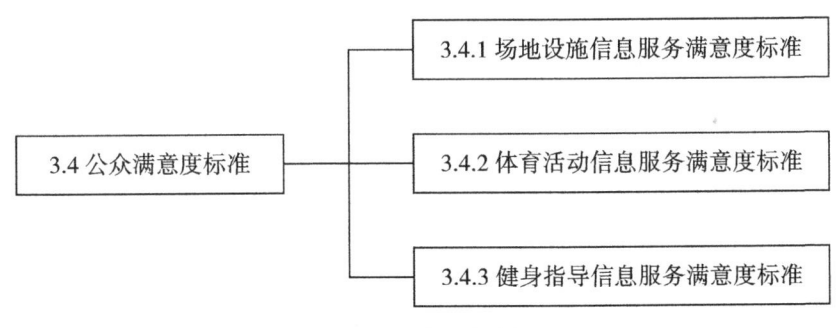

图4-14 公众满意度标准

三、公共体育信息服务标准体系优化

（一）公共体育信息服务标准体系指标筛选

采用SPSS 21.0对公共体育信息服务标准体系指标的专家打分情况进行统计分析（$N=30$）。结果显示，公共体育信息服务标准体系指标的专家打分均值均高于3.50分，在3.60~4.87。其中，打分均值最低的信息服务人员学历指标为3.60，最高为体育场地查询预订功能、网站服务功能标准，均值为4.87。总体来看，大部分专家对公共体育信息服务标准体系的指标选取是比较认可的，说明其能够客观反映公共体育信息服务的水平。所以，我们根据理论分析结合专家打分结果，将所选取的公共体育信息服务标准体系指标全部纳入标准体系，并通过层次分析法进行两两比较确定指标权重（表4-4）。可信度分析是检验问卷可靠性与稳定性的主要方法，可信度的高低一般用可信度系数来表示。应用Cronbach α 系数对调查问卷的内部一致性信度进行评测，测得其Cronbach α 系数为0.942。可见，该问卷在信息需求和信息服务满意度两个方面问题的Cronbach α 系数均大于0.7，说明本次调查问卷使用的问卷问题的可靠性和稳定性较高。

表4-4 公共体育信息服务标准体系统计量描述（$N=30$）

内容	N	极小值	极大值	均值	标准差
服务供给标准	30	3	5	4.77	0.504
服务保障标准	30	4	5	4.67	0.479
服务评价标准	30	3	5	4.60	0.563
基础通用标准	30	3	5	4.53	0.629

(续表)

内容	N	极小值	极大值	均值	标准差
信息内容标准	30	3	5	4.43	0.728
媒介功能标准	30	3	5	4.70	0.596
服务人员标准	30	3	5	4.50	0.630
服务覆盖率标准	30	3	5	4.50	0.682
基础设施标准	30	3	5	4.50	0.630
流动服务标准	30	1	5	3.93	0.907
公众满意度标准	30	3	5	4.77	0.504
服务适用范围	30	3	5	4.60	0.563
规范性引用文件	30	3	5	4.43	0.728
术语和定义	30	3	5	4.40	0.724
场地设施信息标准	30	4	5	4.80	0.407
体育活动信息标准	30	4	5	4.80	0.407
健身指导信息标准	30	4	5	4.80	0.407
网站服务功能标准	30	3	5	4.87	0.507
手机App服务功能标准	30	3	5	4.60	0.563
服务人员技术能力标准	30	2	5	4.17	0.791
服务人员数量及流动性标准	30	1	5	3.70	0.088
用户注册数量标准	30	2	5	4.23	0.898
网站点击量标准	30	3	5	4.30	0.702
健身指导数量标准	30	3	5	4.40	0.675
广播节目综合人口覆盖率标准	30	3	5	3.80	0.761
电视节目综合人口覆盖率标准	30	3	5	3.93	0.740
经常参加体育锻炼人口标准	30	3	5	4.33	0.711
网站数量标准	30	2	5	4.27	0.828
App数量标准	30	2	5	4.47	0.819
电视电台数量标准	30	2	5	3.73	0.868
报纸杂志宣传册数量标准	30	3	5	3.87	0.776
宣传栏数量标准	30	2	5	4.00	0.830
年体育类图书数量标准	30	3	5	3.77	0.728
年体育类杂志数量标准	30	3	5	3.90	0.607
年体育类报纸数量标准	30	3	5	3.87	0.730

（续表）

内容	N	极小值	极大值	均值	标准差
年体育科普文化活动数量标准	30	3	5	4.60	0.563
场地设施信息服务满意度标准	30	3	5	4.83	0.461
体育活动信息服务满意度标准	30	3	5	4.70	0.535
健身指导信息服务满意度标准	30	3	5	4.73	0.521
学校体育场地设施开放信息	30	2	5	4.53	0.730
城市"10分钟体育健身圈"信息	30	4	5	4.77	0.430
标准健身步道信息	30	3	5	4.57	0.679
全民健身中心信息	30	3	5	4.73	0.521
市级"两个中心"信息	30	3	5	4.43	0.679
县（市、区）"新四个一工程"信息	30	3	5	4.20	0.714
乡镇（街道）"三室一场一路径"信息	30	3	5	4.23	0.774
行政村（社区）"两室一场一路径"信息	30	3	5	4.13	0.819
公共体育场地维护信息	30	2	5	3.93	0.785
年度国家级及以上竞技体育赛事信息	30	2	5	4.00	0.830
年度省级竞技体育赛事信息	30	2	5	3.83	0.699
年度开展群众性体育活动信息	30	3	5	4.53	0.571
年度开展本级及以上特殊人群体育活动信息	30	3	5	3.93	0.785
晨晚练健身站点信息	30	3	5	4.80	0.484
社会体育指导员信息	30	3	5	4.23	0.626
3A级以上体育社团信息	30	2	5	3.83	0.699
体质测定信息	30	3	5	4.50	0.630
体育健身培训信息	30	3	5	4.30	0.794
体育场地设施查询功能	30	2	5	4.13	0.819
体育活动资讯发布功能	30	4	5	4.43	0.504
公众互动交流功能	30	3	5	4.30	0.596
体育健身指南功能	30	3	5	4.47	0.681
体育场地设施查询与预订功能	30	3	5	4.87	0.434
体育健身指导功能	30	3	5	4.60	0.621
体育活动赛事发布与约战功能	30	3	5	4.30	0.651
体质监测数据统计与分析功能	30	3	5	4.47	0.629

（续表）

内容	N	极小值	极大值	均值	标准差
运动处方定制功能	30	2	5	4.40	0.770
服务人员技术职称	30	1	5	3.63	0.928
服务人员学历	30	1	5	3.60	0.894
服务人员知识技能	30	2	5	4.27	0.907
服务人员数量	30	2	5	3.67	0.661
服务人员占常住人口比例	30	2	5	4.17	0.747
服务人员流动性	30	2	5	4.10	0.885
有效的 N（列表状态）	30				

（二）公共体育信息服务标准体系指标权重确定

公共体育信息服务体系是一个内容复杂、学科交叉的复合概念，多方面、多层次问题总是复杂地联系在一起。因此，单一指标无法完全系统地反映公共体育信息服务整体水平，应通过指标体系对公共体育信息服务涉及的主要方面和层次进行全方位测量，这就决定了公共体育信息服务标准体系的制定必须采用多指标综合评价的方法。我们采用层次分析法对标准体系的指标进行综合评价。

1. 基本原理

美国运筹学家萨蒂教授提出研究要考虑综合定性和定量的分析，这是人们决策思维过程的模型化、规范化，初步形成了AHP理论的核心。层次分析法的基本原理是：将复杂无结构的问题分解为各组成部分；将各组成部分整理成为树状递阶层次结构；对同一层次各元素相对于上一层指标两两比较其相对重要性，并把这种重要性按照1~9标度法进行数值化；然后综合判断，以决定哪些元素有最大权重，其如何影响问题的最终结果。步骤如下。

（1）明确问题

通过对公共体育信息服务的了解和认识，明确公共体育信息服务标准体系的目标，厘清公共体育信息服务标准体系涉及的范围、制定原则、发展方案、问题及原因等，广泛收集信息。

（2）建立层次结构模型

按照发展目标、实现功能的差异，将公共体育信息服务标准体系进行分层，以框架的形式说明层次递进结构和各指标的从属关系。

（3）重要性判断

对公共体育信息服务标准体系各指标要素的重要性进行判断。通过两两比较，按重要性等级进行排序，实现从定性分析向定量分析的过渡。

（4）判断矩阵一致性检验

判断矩阵一致性检验，需计算一致性指标。当随机一致性比率小于0.10时，可认为层次单排序的结构具有相对满意的一致性。否则，应该重新调整判断矩阵元素的取值。

（5）计算指标的相对权重

计算各层指标相对于体系目标的合成权重并进行排序，最后分析计算结果。

2. 公共体育信息服务标准体系的体系权重

公共体育信息服务标准体系建设中的供给标准体系权重最高，大于其他两者之和，说明专家普遍认为供给标准体系在三个体系中是最重要的。从其他两种体系权重情况来看，保障标准体系居中，评价标准体系重要程度最低（表4-5）。

表4-5 公共体育信息服务标准体系的体系权重（$N=21$）

指标	供给标准	保障标准	评价标准	权重
服务供给标准	1.0000	2.4603	3.1270	0.5617
服务保障标准	0.4065	1.0000	2.9683	0.3029
服务评价标准	0.3198	0.3369	1.0000	0.1354

注：$P=0.0774$。

3. 公共体育信息服务标准体系的标准权重

（1）服务供给标准体系

在服务供给标准体系中，信息内容标准重要程度更大，基础通用标准的重要程度明显低于信息内容标准（表4-6）。

表4-6　供给标准体系的标准权重（N=21）

指标	信息内容标准	基础通用标准	权重
信息内容标准	1.0000	2.4603	0.7110
基础通用标准	0.4065	1.0000	0.2890

注：$P=0.0000$。

（2）服务保障标准体系

在服务保障标准体系中，媒介功能标准的重要程度明显高于服务人员标准（表4-7）。

表4-7　服务保障标准体系的标准权重（N=21）

指标	媒介功能标准	服务人员标准	权重
媒介功能标准	1.0000	1.9206	0.6576
服务人员标准	0.5207	1.0000	0.3424

注：$P=0.0000$。

（3）服务评价标准体系

在服务评价标准体系中，基础设施标准的重要程度明显高于其他三种标准。其他三种标准的重要程度差距不大（表4-8）。

表4-8　服务评价标准体系的标准权重（N=21）

指标	覆盖率标准	基础设施标准	流动服务标准	公众满意度标准	权重
服务覆盖率标准	1.0000	1.0212	1.2244	0.9423	0.2467
基础设施标准	0.9793	1.0000	3.8571	1.9460	0.3898
流动服务标准	0.8167	0.2593	1.0000	1.0571	0.1629
公众满意度标准	1.0613	0.5139	0.9459	1.0000	0.2007

注：$P=0.0611$。

4. 公共体育信息服务标准体系的指标权重

（1）基础通用标准

在基础通用标准中，服务适用范围标准重要程度最大，标准制定依据次之，相关术语及定义的重要程度最低（表4-9）。

表4-9 基础通用标准的指标权重（N=21）

指标	服务适用范围	标准制定依据	相关术语及定义	权重
服务适用范围	1.0000	1.4063	2.8322	0.4743
标准制定依据	0.7111	1.0000	2.7714	0.3751
相关术语及定义	0.3531	0.3608	1.0000	0.1506

注：$P=0.0109$。

（2）信息内容标准

在信息内容标准中，场地设施信息标准重要程度最大，体育活动信息标准次之，健身指导信息标准重要程度最低（表4-10）。

表4-10 信息内容标准的指标权重（N=21）

指标	场地设施信息标准	体育活动信息标准	健身指导信息标准	权重
场地设施信息标准	1.0000	2.1746	3.0254	0.5431
体育活动信息标准	0.4599	1.0000	2.7714	0.3142
健身指导信息标准	0.3305	0.3608	1.0000	0.1427

注：$P=0.0510$。

（3）媒介功能标准

在媒介功能标准中，网站服务功能标准和手机App服务功能标准的重要程度接近，网站服务功能标准的重要程度略高（表4-11）。

表4-11 媒介功能标准的指标权重（N=21）

指标	网站服务功能标准	手机App服务功能标准	权重
网站服务功能标准	1.0000	1.1058	0.5251
手机App服务功能标准	0.9043	1.0000	0.4749

注：$P=0.0000$。

（4）服务人员技术标准

在信息服务人员技术标准中，人员的技术能力标准的重要程度明显高于数量及流动性标准（表4-12）。

表4-12　服务人员标准的指标权重（N=21）

指标	人员技术能力标准	数量及流动性标准	权重
人员技术能力标准	1.0000	2.1746	0.6850
数量及流动性标准	0.4599	1.0000	0.3150

注：$P=0.0000$。

（5）服务覆盖率标准

在信息服务覆盖率标准中，网站点击量标准的重要程度最高，而且明显高于其他标准。健身指导数量标准和用户注册数量标准的重要程度相近。广播节目人口覆盖率标准、电视节目人口覆盖率标准和经常参加锻炼人口标准的重要程度接近（表4-13）。

表4-13　服务覆盖率标准的指标权重（N=21）

指标	用户注册数量标准	网站点击量标准	健身指导标准	广播节目人口覆盖率标准	电视节目人口覆盖率标准	经常参加锻炼人口数量标准	权重
用户注册数量标准	1.0000	0.3330	1.9968	1.0925	1.7429	0.8942	0.1415
网站点击量标准	3.0030	1.0000	3.2700	6.0000	5.2200	2.6700	0.4242
健身指导数量标准	0.5008	0.3058	1.0000	2.9302	3.4444	1.6703	0.1624
广播节目人口覆盖率标准	0.9153	0.1667	0.3413	1.0000	1.4000	1.5016	0.0959
电视节目人口覆盖率标准	0.5738	0.1916	0.2903	0.7143	1.0000	1.1841	0.0759
经常参加锻炼人口数量标准	1.1183	0.3745	0.5987	0.6660	0.8445	1.0000	0.1000

注：$P=0.0625$。

（6）基础设施标准

在基础设施标准中，服务App数量标准的重要程度最大，网站数量标准的重要程度次之，电视电台数量标准、报纸杂志宣传册数量标准、宣传栏数量标准的重要程度差异不大（表4-14）。

表4-14 基础设施标准的指标权重（N=21）

指标	网站数量标准	App数量标准	电视电台数量标准	报纸杂志宣传册数量标准	宣传栏数量标准	权重
网站数量标准	1.0000	1.1735	2.7397	3.1270	2.6127	0.3204
App数量标准	0.8521	1.0000	3.6667	4.1429	3.7302	0.3619
电视电台数量标准	0.3650	0.2727	1.0000	2.1365	1.9143	0.1392
报纸杂志宣传册数量标准	0.3198	0.2414	0.4681	1.0000	1.1270	0.0879
宣传栏数量标准	0.3827	0.2681	0.5224	0.8873	1.0000	0.0906

注：$P=0.0228$。

（7）服务覆盖率标准

在服务覆盖率标准中，年体育类图书、杂志、报纸数量标准的重要程度相近，年体育科普文化活动数量标准的重要程度最高（表4-15）。

表4-15 服务覆盖率标准的指标权重（N=21）

指标	年体育类图书数量标准	年体育类杂志数量标准	年体育类报纸数量标准	年体育类科普文化活动数量标准	权重
年体育类图书数量标准	1.0000	1.1270	0.9556	0.5882	0.2213
年体育类杂志数量标准	0.8873	1.0000	1.1655	0.8428	0.2397
年体育类报纸数量标准	1.0465	0.8580	1.0000	0.8899	0.2346
年体育类科普文化活动数量标准	1.7001	1.1865	1.1237	1.0000	0.3044

注：$P=0.0120$。

（8）公众满意度标准

在公众满意度标准中，场地设施信息服务的公众满意度标准最高，而且明显高于其他两种公众满意度标准。体育活动信息服务的公众满意度标准的重要程度次之，重要程度最低的为健身指导信息服务的公众满意度标准（表4-16）。

表4-16　公众满意度标准的指标权重（N=21）

指标	场地设施信息服务满意度标准	体育活动信息服务满意度标准	健身指导信息服务满意度标准	权重
场地设施信息服务满意度标准	1.0000	2.5873	2.7397	0.5591
体育活动信息服务满意度标准	0.3865	1.0000	2.4921	0.2874
健身指导信息服务满意度标准	0.3650	0.4013	1.0000	0.1534

注：P=0.0788。

5. 公共体育信息服务标准体系的观测点权重

（1）场地设施信息标准观测点

在场地设施信息标准观测点中，学校体育场地设施开放信息的重要程度最高，标准健身步道信息次之。其他按照重要程度依次为：全民健身中心信息、城市"10分钟健身圈"信息、市级"两个中心"信息、县级（市区）"新四个一"信息、乡镇（街道）"三室一场一路径"信息、行政村（社区）"两室一场一路径"信息、公共体育场地维护信息（表4-17）。

表4-17　场地设施信息标准的观测点指标权重（N=21）

指标	学校体育场地设施开放	城市"10分钟体育健身圈"	标准健身步道	全民健身中心	市级"两个中心"	县（市区）"新四个一"工程	乡镇（街道）"三室一场一路径"	行政村（社区）"两室一场一路径"	公共体育场地维护	权重
学校体育场地设施开放	1.0000	1.7973	1.6766	1.7084	2.1274	2.1175	1.8381	1.5651	2.0794	0.1759

（续表）

指标	学校体育场地设施开放	城市"10分钟体育健身圈"	标准健身步道	全民健身中心	市级"两个中心"	县（市区）"新四个一"工程	乡镇（街道）"三室一场一路径"	行政村（社区）"两室一场一路径"	公共体育场地维护	权重
城市"10分钟体育健身圈"	0.5564	1.0000	0.9790	1.1210	1.3130	1.8700	1.9400	2.3310	1.4510	0.1311
标准健身步道	0.5964	1.0215	1.0000	1.8190	2.5016	2.4159	2.2317	2.8730	2.7143	0.1725
全民健身中心	0.5853	0.8921	0.5497	1.0000	2.8730	2.6508	2.8550	2.5175	2.8957	0.1554
市级"两个中心"	0.4700	0.7616	0.3997	0.3481	1.0000	1.6667	1.5524	1.5814	2.0295	0.0922
县（市、区）"新四个一"工程	0.4723	0.5348	0.4139	0.3772	0.6000	1.0000	1.7238	1.8127	2.0005	0.0822
乡镇（街道）"三室一场一路径"	0.5440	0.5155	0.4481	0.3503	0.6442	0.5801	1.0000	1.8140	1.9970	0.0743
行政村（社区）"两室一场一路径"	0.6389	0.4290	0.3481	0.3972	0.6323	0.5517	0.5513	1.0000	2.3497	0.0647
公共体育场地维护	0.4809	0.6892	0.3684	0.3453	0.4927	0.4999	0.5008	0.4256	1.0000	0.0516

注：=0.0374。

（2）体育活动信息标准的观测点

在体育活动信息标准的观测点中，年度国家及以上竞技体育赛事重要程度最高，年度省级竞技体育赛事和年度群众体育活动重要程度相近，年度开展本级及以上特殊人群体育活动重要程度最低（表4-18）。

表4-18 体育活动信息标准的观测点权重（N=21）

指标	年度国家级及以上竞技体育赛事	年度省级竞技体育赛事	年度群众体育活动	年度开展本级及以上特殊人群体育活动	权重
年度国家级及以上竞技体育赛事	1.0000	2.3651	1.2512	2.2417	0.3699
年度省级竞技体育赛事	0.4228	1.0000	1.2549	2.6762	0.2516

(续表)

指标	年度国家级及以上竞技体育赛事	年度省级竞技体育赛事	年度群众体育活动	年度开展本级及以上特殊人群体育活动	权重
年度群众体育活动	0.7992	0.7969	1.0000	2.6825	0.2635
年度开展本级及以上特殊人群体育活动	0.4461	0.3737	0.3728	1.0000	0.1151

注：$P=0.0483$。

（3）健身指导信息标准的观测点

在健身指导信息标准的观测点中，晨晚练健身站点信息重要程度最大，社会体育指导员信息重要程度次之。3A及以上体育社团信息和体质测定信息重要程度相近，体育健身培训信息的重要程度最低（表4-19）。

表4-19 健身指导信息标准的观测点权重（$N=21$）

指标	晨晚练健身站点	社会体育指导员	3A及以上体育社团	体质测定	体育健身培训	权重
晨晚练健身站点	1.0000	2.8730	2.7460	2.3333	2.6508	0.3887
社会体育指导员	0.3481	1.0000	2.4921	1.9206	1.6667	0.2191
3A及以上体育社团	0.3642	0.4013	1.0000	1.5497	1.6765	0.1468
体质测定	0.4286	0.5207	0.6453	1.0000	2.4724	0.1453
体育健身培训	0.3772	0.6000	0.6033	0.4045	1.0000	0.1001

注：$P=0.0579$。

（4）网站服务功能标准的观测点

在网站服务功能标准的观测点中，场地设施查询功能的重要程度明显高于其他三种，活动资讯发布功能、公众互动交流功能和健身指南功能重要程度依次降低（表4-20）。

表4-20 网站服务功能标准的观测点权重（$N=21$）

指标	场地设施查询功能	活动资讯发布功能	公众互动交流功能	健身指南功能	权重
场地设施查询功能	1.0000	2.9683	2.8730	2.8349	0.4814

(续表)

标准	场地设施查询功能	活动资讯发布功能	公众互动交流功能	健身指南功能	权重
活动资讯发布功能	0.3369	1.0000	2.1429	1.9714	0.2371
公众互动交流功能	0.3481	0.4667	1.0000	1.8190	0.1600
健身指南功能	0.3527	0.5072	0.5497	1.0000	0.1216

注：$P=0.0472$。

（5）App服务功能标准的观测点

在App服务功能标准的观测点中，体育场地查询预订功能权重明显高于其他四种，体育健身指导功能重要程度居第二，体育活动赛事发布与约战功能和体质监测数据统计与分析功能的重要程度相近，运动处方定制功能的重要程度最低（表4-21）。

表4-21 App服务功能标准的观测点权重（$N=21$）

指标	体育场地查询预订功能	体育健身指导功能	体育活动赛事发布与约战功能	体质监测数据统计与分析功能	运动处方定制功能	权重
体育场地查询预订功能	1.0000	3.2794	3.4444	3.1905	3.1524	0.4354
体育健身指导功能	0.3049	1.0000	2.5111	2.4286	2.3968	0.2278
体育活动赛事发布与约战功能	0.2903	0.3982	1.0000	1.4889	1.4190	0.1275
体质监测数据统计与分析功能	0.3134	0.4118	0.6716	1.0000	1.5215	0.1127
运动处方定制功能	0.3172	0.4172	0.7047	0.6572	1.0000	0.0967

注：$P=0.0343$。

（6）信息服务人员技术能力标准的观测点

在信息服务人员技术能力标准的观测点中，人员技术职称的重要程度最高，服务人员学历的重要程度次之，最低的是人员知识技能。从判断矩阵的一致性系数分析结果来看，一致性系数为0.1803，大于0.1，说明该判断矩阵的一致性较差，应征询专家意见，调整信息服务人员技术能力的判断矩阵的取值（表4-22）。

表4-22 信息服务人员技术能力标准的观测点权重（N=21）

指标	服务人员技术职称	服务人员学历	服务人员知识技能	权重
服务人员技术职称	1.0000	2.1302	1.4735	0.4623
服务人员学历	0.4694	1.0000	2.5111	0.3336
服务人员知识技能	0.6787	0.3982	1.0000	0.2041

注：$P=0.1803$。

（7）人员数量及流动性标准的观测点

在信息服务人员数量及流动性标准的观测点中，服务人员数量和服务人员占常住人口比例的重要程度相近，服务人员流动性的重要程度较低（表4-23）。

表4-23 人员数量及流动性标准的观测点权重（N=21）

指标	服务人员数量	服务人员占常住人口比例	服务人员流动性	权重
服务人员数量	1.0000	1.1370	1.4735	0.3874
服务人员占常住人口比例	0.8795	1.0000	1.6815	0.3716
服务人员流动性	0.6787	0.5947	1.0000	0.2410

注：$P=0.0072$。

6. 公共体育信息服务标准体系内容及权重测算结果

根据对公共体育信息服务标准体系权重的测算，可以最终得到公共体育信息服务标准体系内容及权重测算结果（表4-24）。

表4-24 公共体育信息服务标准体系内容及权重测算结果

类目	内容	权重
体系	服务供给标准体系	0.5617
	服务保障标准体系	0.3029
	服务评价标准体系	0.1354
标准	基础通用标准	0.2890
	信息内容标准	0.7110
	媒介功能标准	0.6576
	服务人员标准	0.3424

(续表)

类目	内容	权重
标准	服务覆盖率标准	0.2467
	基础设施标准	0.3898
	流动服务标准	0.1629
	公众满意度标准	0.2007
指标	服务适用范围	0.4743
	标准制定依据	0.3751
	相关术语及定义	0.1506
	场地设施信息标准	0.5431
	体育活动信息标准	0.3142
	健身指导信息标准	0.1427
	网站服务功能标准	0.5251
	手机App服务功能标准	0.4749
	服务人员技术能力标准	0.6850
	服务人员数量及流动性标准	0.3150
	用户注册数量标准	0.1415
	网站点击量标准	0.4242
	健身指导数量标准	0.1624
	广播节目人口覆盖率标准	0.0959
	电视节目人口覆盖率标准	0.0759
	经常参加体育锻炼人口数量标准	0.1000
	网站数量标准	0.3204
	App数量标准	0.3619
	电视电台数量标准	0.1392
	报纸杂志宣传册数量标准	0.0879
	宣传栏数量标准	0.0906
	年体育类图书数量标准	0.2213
	年体育类杂志数量标准	0.2397
	年体育类报纸数量标准	0.2346
	年体育科普文化活动数量标准	0.3044
	场地设施信息服务满意度标准	0.5591
	体育活动信息服务满意度标准	0.2874

(续表)

类目	内容	权重
指标	健身指导信息服务满意度标准	0.1534
观测点	学校体育场地设施开放信息	0.1759
	城市"10分钟体育健身圈"信息	0.1311
	标准健身步道信息	0.1725
	全民健身中心信息	0.1554
	市级"两个中心"信息	0.0922
	县（市、区）"新四个一工程"信息	0.0822
	乡镇（街道）"三室一场一路径"信息	0.0743
	行政村（社区）"两室一场一路径"信息	0.0647
	公共体育场地维护信息	0.0516
	年度国家级及以上竞技体育赛事信息	0.3699
	年度省级竞技体育赛事信息	0.2516
	年度开展群众性体育活动信息	0.2635
	年度开展本级及以上特殊人群体育活动信息	0.1151
	晨晚练健身站点信息	0.3887
	社会体育指导员信息	0.2191
	3A级以上体育社团信息	0.1468
	体质测定信息	0.1453
	体育健身培训信息	0.1001
	体育场地设施查询预定功能	0.4813
	体育活动资讯发布功能	0.2371
	公众互动交流功能	0.1600
	体育健身指导功能	0.1216
	体育场地设施查询与预订功能	0.4354
	体育健身指导功能	0.2278
	体育活动赛事发布与约战功能	0.1275
	体质监测数据统计与分析功能	0.1127
	运动处方定制功能	0.0967
	服务人员技术职称	0.4623
	服务人员学历	0.3336
	服务人员知识技能	0.2041

(续表)

类目	内容	权重
	服务人员数量	0.3874
观测点	服务人员占常住人口比例	0.3716
	服务人员流动性	0.2410

第五章 我国公共体育服务体系示范区的实证分析

2013年底，国家体育总局与江苏人民政府签署《建设公共体育服务体系示范区合作协议》，到2015年，江苏省已在全国率先建成功能明确、网络健全、城乡一体、惠及全民的公共体育服务体系示范区。江苏省的公共体育信息服务发展水平处于全国前列，利用公共体育信息服务标准体系对江苏省公共体育信息服务情况进行分析，可以为公共体育信息服务的推广与普及提供很好的借鉴与参考。根据前文对公共体育信息服务标准体系构建和指标权重测算结果，我们利用公共体育信息服务标准体系指标内容及相关权重，对江苏省13个市的公共体育信息服务情况进行分析。

一、公共体育服务体系示范区场地设施信息服务分析

通过对公共体育服务体系示范区的调研和相关材料收集，获得了江苏省13个市的公共体育信息服务场地设施信息数据，对相关数据进行收集整理，得到2015年江苏省13个市的公共体育信息服务的原始数据。场地设施信息原始数据如表5-1所示。

表5-1 2015年江苏省13市场地设施信息的原始数据

城市	学校场地开放信息/条	城市"10分钟健身圈"信息/条	标准健身步道信息/条	全民健身中心信息/条	市级"两个中心"信息/条	县级（市、区）"新四个一工程"信息/条	乡镇（街道）"三室一场一路径"信息/条	行政村（社区）"两室一场一路径"信息/条	公共体育场地维护信息/条
南京	21	31	87	157	45	25	18	17	104
苏州	25	37	85	174	43	27	20	19	115
无锡	17	29	87	158	39	24	15	17	97

（续表）

城市	学校场地开放信息/条	城市"10分钟健身圈"信息/条	标准健身步道信息/条	全民健身中心信息/条	市级"两个中心"信息/条	县级（市、区）"新四个一工程"信息/条	乡镇（街道）"三室一场一路径"信息/条	行政村（社区）"两室一场一路径"信息/条	公共体育场地维护信息/条
常州	25	39	92	164	40	23	18	15	119
镇江	20	32	74	147	30	18	17	11	80
南通	17	24	78	142	35	16	9	7	101
扬州	18	25	84	164	33	18	12	8	96
泰州	15	19	64	138	28	14	10	5	84
徐州	16	21	78	135	27	12	9	5	87
连云港	13	15	71	126	29	10	5	5	67
宿迁	11	16	86	114	24	9	7	6	74
淮安	13	17	69	121	22	11	5	4	72
盐城	12	15	76	123	21	10	7	7	80

注：公共体育服务体系示范区申报材料。

（一）定量指标无量纲化处理

为尽可能反映公共体育信息服务实际，排除指标单位不同、数值数量级间悬殊差别影响，需对公共体育信息服务标准体系的定量指标进行无量钢化处理。根据数据统计口径的可比性、统一性，为方便公共体育信息服务标准体系各指标进行对比，我们尽可能选取相对指标取值进行对比。对2015年江苏省13个市场地设施信息的原始数据进行标准化处理，转换成相对应的得分结果进行指标的测算。

2015年江苏省13个市中，苏州市和常州市的学校体育场地开放信息条数最多，为25条，将最大值转换成相应百分制得分定为100分（满分为100分），城市"10分钟体育健身圈"信息条数常州市最多，为39条，最大值转换成相应百分制得分定为100分（满分为100分）；标准健身步道信息条数常州市最多，为92条，最大值转换成相应百分制得分定为100分（满分为100分）；全民健身中心信息条数苏州市最多，为174条，最大值转换成相应百分制得分定为100分（满分为100分）；市级"两个中心"信息条数南京市最多，为45条，最大值转换成相应百分制得分定为100分（满分为100分）；县（市、区）"新四个一工程"信息条数苏州市最多，为27条，最大值转换成相应百分制得分定为100分（满分为100分）；乡镇（街道）"三室一场一路径"信息条数苏州市最多，为20条，最大值转换成相应百分制得分定为100分（满分为100分）；行政村（社区）"两室一场一路径"信息条数苏州市最多，为19条，最大值转换成相应百分制得分定为100分（满分为100分）；公共体育场地维护信息条数常州市最多，为119条，最大值转换成相应百分制得分定为100分（满分为100分）。按照这一标准，2015年江苏省13个市的公共体育信息服务场地设施信息的原始数据经过无量纲化处理所得结果如表5-2所示。

表5-2 2015年江苏省13市场地设施信息原始数据无量纲化处理结果

城市	学校场地开放信息/分数	城市"10分钟健身圈"信息/分数	标准健身步道信息/分数	全民健身中心信息/分数	市级"两个中心"信息/分数	县级（市、区）"新四个一工程"信息/分数	乡镇（街道）"三室一场一路径"信息/分数	行政村（社区）"两室一场一路径"信息/分数	公共体育场地维护信息/分数
南京	84.0	79.5	94.6	90.2	100.0	92.6	90.0	89.5	87.4
苏州	100.0	94.9	92.4	100.0	95.6	100.0	100.0	100.0	97.5
无锡	68.0	74.4	94.6	90.8	86.7	88.9	75.0	89.5	81.5
常州	100.0	100.0	100.0	97.7	88.9	85.2	90.0	78.9	100.0
镇江	80.0	82.1	80.4	84.5	66.7	66.7	85.0	57.9	67.2
南通	68.0	61.5	84.8	81.6	77.8	59.3	45.0	36.8	84.9
扬州	72.0	64.1	91.3	94.3	73.3	66.7	60.0	42.1	80.7
泰州	60.0	48.7	69.6	79.3	62.2	51.9	50.0	26.3	70.6
徐州	64.0	53.8	84.8	77.6	60.0	44.4	45.0	26.3	73.1
连云港	52.0	38.5	77.2	72.4	64.4	37.0	25.0	26.3	56.3
宿迁	44.0	41.0	93.5	65.5	53.3	33.3	35.0	31.6	62.2
淮安	52.0	43.6	75.0	69.5	48.9	40.7	25.0	21.1	60.5
盐城	48.0	38.5	82.6	70.7	46.7	37.0	35.0	36.8	67.2

（二）江苏省13市场地设施信息标准测算结果与分析

根据表5-2将2015年江苏省13市场地设施信息数据无量纲化处理结果结合观测点的指标权重，对2015年江苏省13市公共体育信息服务的场地设施信息情况进行测算，指数结果如表5-3所示。

表5-3 2015年江苏省13市场地设施信息服务指数测算结果

城市	学校场地开放信息（得分）	城市"10分钟健身圈"信息（得分）	标准健身步道信息（得分）	全民健身中心信息（得分）	市级"两个中心"信息（得分）	县级（市、区）"新四个一工程"信息（得分）	乡镇（街道）"三室一场一路径"信息（得分）	行政村（社区）"两室一场一路径"信息（得分）	公共体育场地维护信息（得分）	指数合计
南京	14.8	10.4	16.3	14.0	9.2	7.6	6.7	5.8	4.5	89.3
苏州	17.6	12.4	15.9	15.5	8.8	8.2	7.4	6.5	5.0	97.3
无锡	12.0	9.8	16.3	14.1	8.0	7.3	5.6	5.8	4.2	83.1
常州	17.6	13.1	17.3	15.2	8.2	7.0	6.7	5.1	5.2	95.4
镇江	14.1	10.8	13.9	13.1	6.1	5.5	6.3	3.7	3.5	77.0
南通	12.0	8.1	14.6	12.7	7.2	4.9	3.3	2.4	4.4	69.6
扬州	12.7	8.4	15.7	14.7	6.8	5.5	4.5	2.7	4.2	75.2
泰州	10.6	6.4	12.0	12.3	5.7	4.3	3.7	1.7	3.6	60.3
徐州	11.3	7.1	14.6	12.1	5.5	3.6	3.3	1.7	3.8	63.0
连云港	9.1	5.0	13.3	11.3	5.9	3.0	1.9	1.7	2.9	54.1
宿迁	7.7	5.4	16.1	10.2	4.9	2.7	2.6	2.0	3.2	54.8
淮安	9.1	5.7	12.9	10.8	4.5	3.3	1.9	1.4	3.1	52.7
盐城	8.4	5.0	14.2	11.0	4.3	3.0	2.6	2.4	3.5	54.4

2015年江苏省13市场地设施信息标准的观测点即学校体育场地设施开放信息、城市"10分钟体育健身圈"信息、标准健身步道信息、全民健身中心信息、市级两个中心信息、县（市、区）"新四个一工程"信息、乡镇（街道）"三室一场一路径"信息、行政村（社区）"两室一场一路径"信息、公共体育场地维护信息的指标测算结果如图5-1所示。

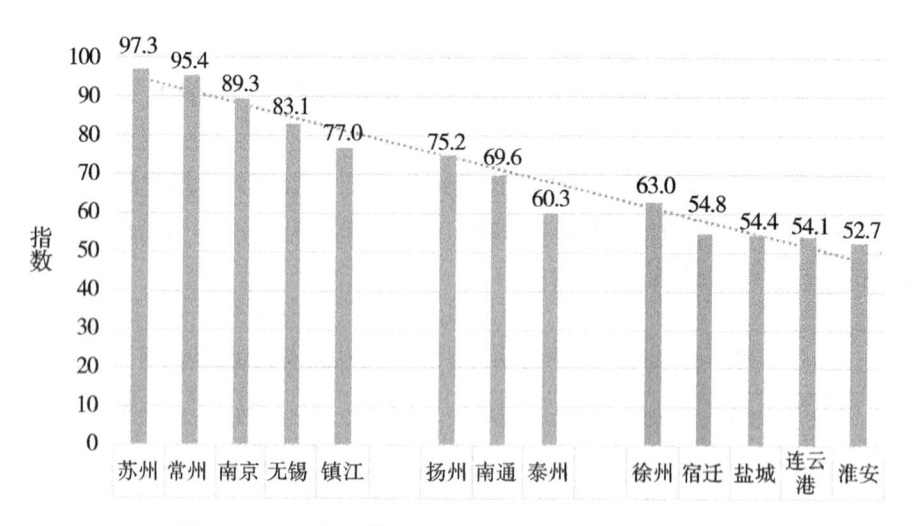

图5-1　2015年江苏省13市场地设施信息服务指数

从2015年江苏省13市公共体育信息服务的场地设施信息指数情况可知（按照指数满分100分，25分一个数量级划分优秀、良好、中等、差四个等级）：总体看来，2015年江苏省城市公共体育信息服务的场地设施信息平均得分为71.2分，在四个等级中处于良好的等级，开展情况良好。从各城市的场地设施信息指数评测结果来看，江苏省13市中，处于优秀等级的有6个城市。其中，苏州市场地设施信息指数最高，为97.3分，常州市位居第二，场地设施信息指数为95.4分；处于良好等级的城市有7个，场地设施信息指数得分处于52.7～69.6。从场地设施信息标准的指数测评结果来看，江苏省场地设施信息服务方面发展水平普遍较高。

日本学者小岛清根据雁行形态理论，创立了直接投资主导型发展论。小岛清认为，日本是东亚国家地区经济发展的"头雁"，其国家的经济发展对整个东亚地区经济发展可以起到很好的带动作用[1]。从图5-2不难看出，2015年江苏省场地设施信息服务发展的"头雁"是苏州市，江苏中部和北部地区城市的场地设施信息服务的发展相对落后，因而需要加大投入力度，进一步探寻公共体育信息服务发展因素，寻求适合的发展对策，重视"头雁"对江苏省公共体育信息服务发展的拉动作用。

---

[1] 小岛清.东亚经济的再出发——直接投资主导型发展战略的评价[J].世界经济评论，1997（1）.

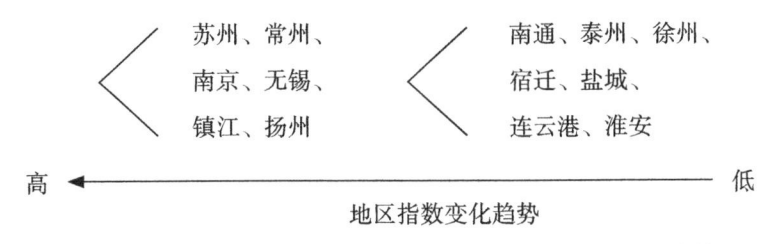

```
          苏州、常州、              南通、泰州、徐州、
       <  南京、无锡、           <  宿迁、盐城、
          镇江、扬州               连云港、淮安

  高 ←─────────────────────────────→ 低
              地区指数变化趋势
```

图5-2　2015年江苏省13市场地设施信息服务指数的形态分布情况

江苏南部、江苏中部、江苏北部三个区域的场地设施信息指数平均值分别为88.4、68.4、55.8（图5-3）。按照指数满分100分，25分一个数量级划分优秀、良好、中等、差四个等级，江苏南部地区的场地设施信息平均指数为88.4，处于优秀等级，发展情况最好，场地设施信息发展水平明显高于江苏中部和北部地区；江苏中部地区的场地设施信息平均指数为68.4，处于良好等级；江苏北部地区的场地设施信息平均指数为55.8，也处于良好等级。从三个地区的平均指数来看，江苏中部和江苏南部指数相差20，江苏北部与江苏南部指数相差32.6，江苏北部与江苏中部指数相差12.6。从江苏省场地设施信息服务的区域发展情况来看，应以江苏南部地区为示范，带动江苏中部和江苏北部公共体育信息服务发展，逐步扩大江苏中部和江苏北部公共体育信息服务的规模，提高其服务质量和服务水平，促使江苏省公共体育信息服务的总体优化，逐步缩小地区间的差距。

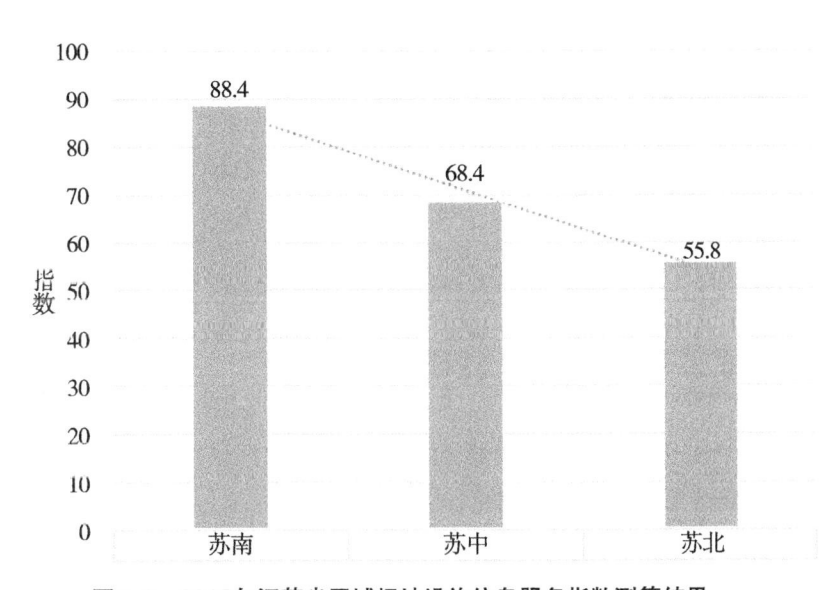

图5-3　2015年江苏省区域场地设施信息服务指数测算结果

二、公共体育服务体系示范区体育活动信息服务分析

通过对公共体育服务体系示范区的材料收集，获得了江苏省13个市的公共体育信息服务体育活动信息数据，对相关数据进行收集整理，得到了2015年江苏省13个市的公共体育信息服务的原始数据。体育活动信息原始数据如表5-4所示。

表5-4　2015年江苏省13市体育活动信息的原始数据

城市	年度国家级及以上竞技体育赛事信息/条	年度省级竞技体育赛事信息/条	年度开展群众性体育活动信息/条	年度开展本级及以上特殊人群体育活动信息/条
南京	42	37	126	18
苏州	47	34	132	15
无锡	39	30	121	10
常州	52	33	146	15
镇江	40	35	120	12
南通	37	31	125	14
扬州	34	34	119	11
泰州	33	29	122	13
徐州	38	30	129	15
连云港	34	25	119	10
宿迁	28	26	121	9
淮安	24	22	114	11
盐城	29	27	120	12

注：公共体育服务体系示范区申报材料。

（一）定量指标无量纲化处理

对2015年江苏省13个市体育活动信息的原始数据进行标准化处理。转换成相对应的得分结果进行指标的测算。方法如下。

2015年江苏省13个市中，常州市的国家级及以上竞技体育活动信息条数最多，为52条，将最大值转换成相应百分制得分定为100分（满分为100分）；省级竞技体育赛事信息条数南京市最多，为37条，最大值转换成相应百分制得分

定为100分（满分为100分）；群众性体育活动信息条数常州市最多，为146条，最大值转换成相应百分制得分定为100分（满分为100分）；特殊人群体育活动信息条数南京市最多，为18条，最大值转换成相应百分制得分定为100分（满分为100分）。按照这一标准，2015年江苏省13个市的公共体育信息服务体育活动信息的原始数据经过无量纲化处理所得结果如表5-5所示。

表5-5　2015年江苏省13市体育活动信息原始数据无量纲化处理结果

城市	年度国家级及以上竞技体育赛事信息/分数	年度省级竞技体育赛事信息/分数	年度开展群众性体育活动信息/分数	年度开展本级及以上特殊人群体育活动信息/分数
南京	80.8	100.0	86.3	100.0
苏州	90.4	91.9	90.4	83.3
无锡	75.0	81.1	82.9	55.6
常州	100.0	89.2	100.0	83.3
镇江	76.9	94.6	82.2	66.7
南通	71.2	83.8	85.6	77.8
扬州	65.4	91.9	81.5	61.1
泰州	63.5	78.4	83.6	72.2
徐州	73.1	81.1	88.4	83.3
连云港	65.4	67.6	81.5	55.6
宿迁	53.8	70.3	82.9	50.0
淮安	46.2	59.5	78.1	61.1
盐城	55.8	73.0	82.2	66.7

（二）江苏省13市体育活动信息标准测算结果与分析

根据表5-5将2015年江苏省13市体育活动信息数据无量纲化处理结果结合观测点的指标权重，对2015年江苏省13市公共体育信息服务的体育活动信息情况进行测算，指数结果如表5-6所示。

2015年江苏省13市体育活动信息标准的观测点即国家级及以上竞技体育赛事信息、省级竞技体育赛事信息、群众性体育活动信息、特殊人群体育活动信息的指标测算结果如图5-4所示。

表5-6 2015年江苏省13市体育活动信息服务指数测算结果

城市	年度国家级及以上竞技体育赛事信息（得分）	年度省级竞技体育赛事信息（得分）	年度开展群众性体育活动信息（得分）	年度开展本级及以上特殊人群体育活动信息（得分）	指数合计
南京	29.9	25.2	22.7	11.5	89.3
苏州	33.4	23.1	23.8	9.6	89.9
无锡	27.7	20.4	21.8	6.4	76.3
常州	37.0	22.4	26.4	9.6	95.4
镇江	28.4	23.8	21.7	7.7	81.6
南通	26.3	21.1	22.6	9.0	79.0
扬州	24.2	23.1	21.5	7.0	75.8
泰州	23.5	19.7	22.0	8.3	73.5
徐州	27.0	20.4	23.3	9.6	80.3
连云港	24.2	17.0	21.5	6.4	69.1
宿迁	19.9	17.7	21.8	5.8	65.2
淮安	17.1	15.0	20.6	7.0	59.7
盐城	20.6	18.4	21.7	7.7	68.4

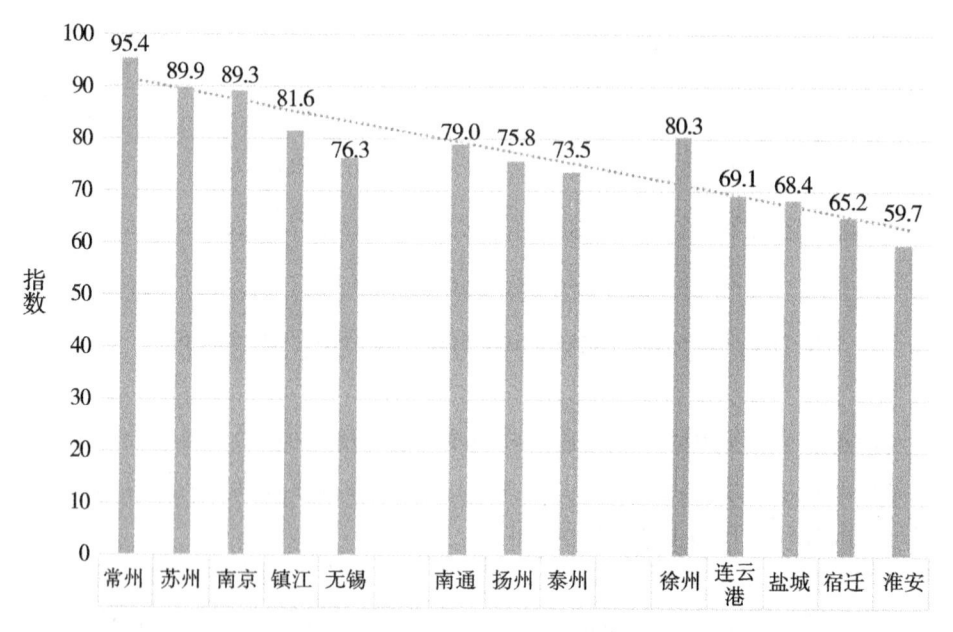

图5-4 2015年江苏省13市体育活动信息服务指数

从2015年江苏省13市公共体育信息服务的体育活动信息指数情况可知（按照指数满分100分，25分一个数量级划分优秀、良好、中等、差四个等级）：总体看来，2015年江苏省城市公共体育信息服务的体育活动信息平均得分为77.2分，在四个等级中处于优秀等级，开展情况良好。从各城市的体育活动信息指数评测结果来看，江苏省13市中，处于优秀等级的有8个城市。其中，常州市体育活动信息指数最高，为95.4分，苏州市位居第二，体育活动信息指数为89.9分；处于良好等级的城市有5个，体育活动信息指数得分处于59.7～73.5。从体育活动信息标准的指数测评结果来看，江苏省公共体育信息服务发展水平较高。2015年江苏省体育活动信息服务发展的"头雁"是常州市，处于全省领先（图5-5）。

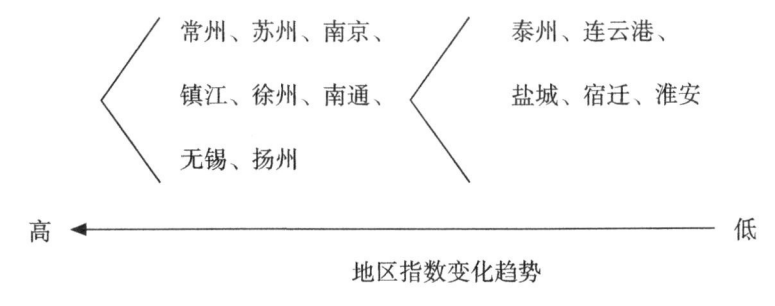

图5-5 2015年江苏省13市体育活动信息服务指数的形态分布情况

江苏南部、江苏中部、江苏北部三个区域的体育活动信息指数平均值分别为86.5、76.1、68.5（图5-6）。按照指数满分100分，25分一个数量级划分优秀、良好、中等、差四个等级，江苏南部地区的体育活动信息平均指数为86.5，处于优秀等级，发展情况最好，体育活动信息发展水平明显高于苏中和苏北地区；江苏中部地区体育活动信息平均指数为76.1，也处于优秀等级；江苏北部地区的体育活动信息平均指数为68.5，处于良好等级。从三个地区的平均指数来看，江苏中部和江苏南部相差10.4，江苏北部与江苏中部相差7.6，江苏北部与江苏南部相差18。从江苏省公共体育信息服务的区域发展情况来看，苏南、苏中和苏北地区公共体育信息服务的体育活动信息服务发展水平存在一定差距，苏南地区发展水平最高，在全省起到带头和示范的作用。

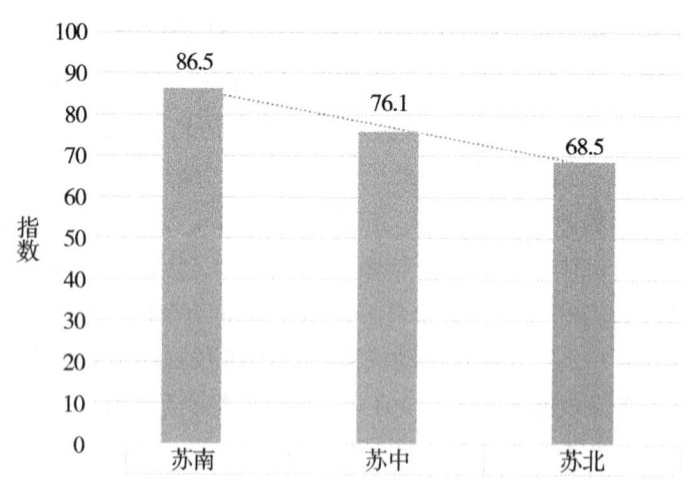

图5-6　2015年江苏省区域体育活动信息服务指数测算结果

三、公共体育服务体系示范区健身指导信息服务分析

以江苏省13个市的健身指导信息标准为例，对江苏省公共体育信息服务的运行状况进行实证分析。通过对公共体育服务体系示范区的材料收集，获得了江苏省13个市的公共体育信息服务健身指导信息数据，对相关数据进行收集整理，得到了2015年江苏省13个市公共体育信息服务健身指导信息的原始数据，主要观测点包括晨晚练健身站点信息、社会体育指导员信息、3A级以上体育社团信息、体质测定信息、体育健身培训信息（表5-7）。

表5-7　2015年江苏省13市健身指导信息的原始数据

城市	晨晚练健身站点信息（条）	社会体育指导员信息（条）	3A级以上体育社团信息（条）	体质测定信息（条）	体育健身培训信息（条）
南京	11	67	131	28	9
苏州	10	47	206	8	10
无锡	9	54	58	15	5
常州	6	72	144	33	14
镇江	7	54	226	15	3

（续表）

城市	晨晚练健身站点信息（条）	社会体育指导员信息（条）	3A级以上体育社团信息（条）	体质测定信息（条）	体育健身培训信息（条）
南通	9	43	259	4	13
扬州	9	44	65	5	9
泰州	7	45	169	6	1
徐州	11	53	171	14	5
连云港	9	66	118	27	1
宿迁	8	40	144	1	7
淮安	9	49	182	10	2
盐城	10	49	185	10	1

注：公共体育服务体系示范区申报材料。

（一）定量指标无量纲化处理

对2015年江苏省13个市公共体育信息服务的健身指导信息原始数据进行标准化处理，转换成相对应的得分结果进行指标的测算。方法如下。

2015年江苏省13个市中，南京市和徐州市的晨晚练健身站点信息数最多；为11条，我们将最大值转换成相应百分制得分定为100分（满分为100分）；社会体育指导员信息中常州市最多，为72条，最大值转换成相应百分制得分定为100分（满分为100分）；3A级以上体育社团信息中南通市最多，为259条，最大值转换成相应百分制得分定为100分（满分为100分）；体质测定信息中常州市最多，为33条，最大值转换成相应百分制得分定为100分（满分为100分）；体育健身培训讲座信息中常州市最多，为14条，最大值转换成相应百分制得分定为100分（满分为100分）。按照这一标准，2015年江苏省13个市公共体育信息服务健身指导信息的原始数据，主要包括晨晚练健身站点信息、社会体育指导员信息、3A级以上体育社团信息、体质测定信息、体育健身培训信息经过无量纲化处理所得结果如表5-8所示。

表5-8　2015年江苏省13市健身指导信息原始数据无量纲化处理结果

城市	晨晚练健身站点信息/分数	社会体育指导员信息/分数	3A级以上体育社团信息/分数	体质测定信息/分数	体育健身培训信息/分数
南京	100.0	93.1	50.6	84.8	64.3
苏州	90.9	65.3	79.5	24.2	71.4
无锡	81.8	75.0	22.4	45.5	35.7
常州	54.5	100.0	55.6	100.0	100.0
镇江	63.6	75.0	87.3	45.5	21.4
南通	81.8	59.7	100.0	12.1	92.9
扬州	81.8	61.1	25.1	15.2	64.3
泰州	63.6	62.5	65.3	18.2	7.1
徐州	100.0	73.6	66.0	42.4	35.7
连云港	81.8	91.7	45.6	81.8	7.1
宿迁	72.7	55.6	55.6	3.0	50.0
淮安	81.8	68.1	70.3	30.3	14.3
盐城	90.9	68.1	71.4	30.3	7.1

（二）江苏省13市健身指导信息标准测算结果与分析

根据表5-8将2015年江苏省13市健身指导信息数据无量纲化处理结果结合指标权重，对2015年江苏省13市公共体育信息服务的健身指导信息情况进行测算，指数结果如表5-9所示。

表5-9　2015年江苏省13市健身指导信息服务指数测算结果

城市	晨晚练健身站点信息（得分）	社会体育指导员信息（得分）	3A级以上体育社团信息（得分）	体质测定信息（得分）	体育健身培训信息（得分）	指数合计
南京	38.9	20.4	7.4	12.3	6.4	85.4
苏州	35.3	14.3	11.7	3.5	7.2	72.0
无锡	31.8	16.4	3.3	6.6	3.6	61.7
常州	21.2	21.9	8.2	14.5	10	75.8

（续表）

城市	晨晚练健身站点信息（得分）	社会体育指导员信息（得分）	3A级以上体育社团信息（得分）	体质测定信息（得分）	体育健身培训信息（得分）	指数合计
镇江	24.7	16.4	12.8	6.6	2.1	62.7
南通	31.8	13.1	14.7	1.8	9.3	70.6
扬州	31.8	13.4	3.7	2.2	6.4	57.5
泰州	24.7	13.7	9.6	2.6	0.7	51.4
徐州	38.9	16.1	9.7	6.2	3.6	74.4
连云港	31.8	20.1	6.7	11.9	0.7	71.2
宿迁	28.3	12.2	8.2	0.4	5.0	54.0
淮安	31.8	14.9	10.3	4.4	1.4	62.9
盐城	35.3	14.9	10.5	4.4	0.7	65.9

2015年江苏省13个市的健身指导信息标准观测点即晨晚练健身站点信息、社会体育指导员信息、3A级以上体育社团信息、体质测定信息、体育健身培训讲座信息的指标测算结果如图5-7所示。

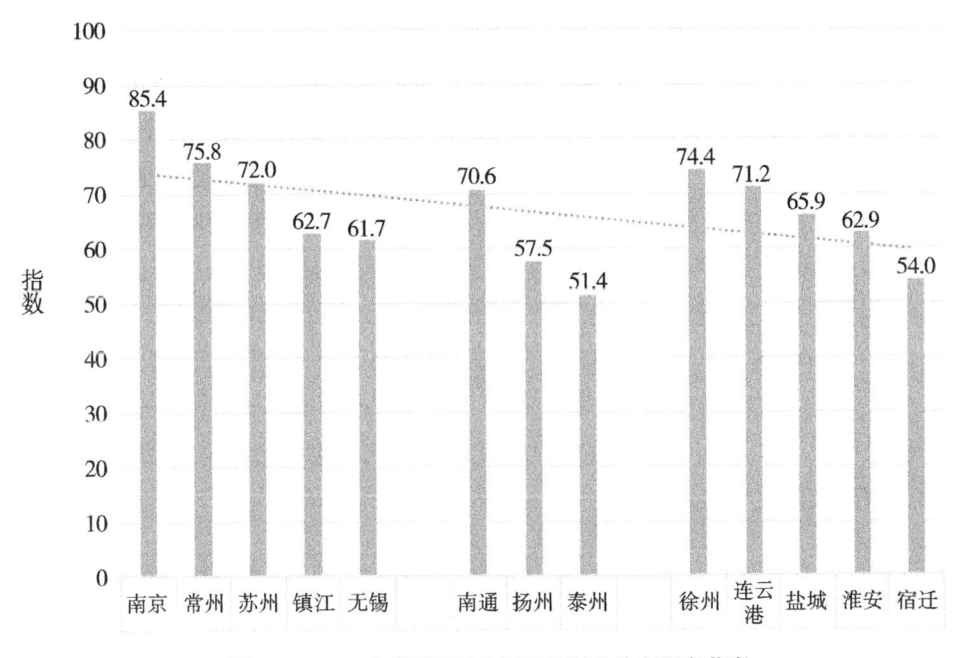

图5-7 2015年江苏省13市健身指导信息服务指数

从2015年江苏省13市公共体育信息服务的健身指导信息指数情况可知（按照指数满分100分，25分一个数量级划分优秀、良好、中等、差四个等级）：总体看来，2015年江苏省公共体育信息服务的健身指导信息平均得分为66.6分，在四个等级中处于良好的等级，公共体育信息服务开展情况良好。从各地区的健身指导信息指数评测结果来看，江苏省13市中，南京市健身指导信息指数最高，为85.4分，处于优秀等级，常州市位居第二，健身指导信息指数为75.8分，也处于优秀等级；其他11个城市的健身指导信息指数得分为51.4～74.4，均处于良好等级，公共体育信息服务发展水平普遍较高。2015年江苏省健身指导信息服务发展的"头雁"是南京市，处于全省领先（图5-8）。

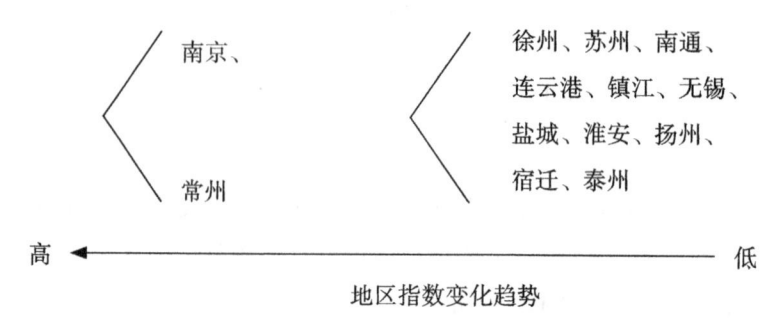

图5-8 2015年江苏省13市健身指导信息服务指数的形态分布情况

江苏南部、江苏中部、江苏北部三个区域的健身指导信息指数平均值分别为71.5、59.8、65.7（图5-9）。按照指数满分100分，25分一个数量级划分优秀、良好、中等、差四个等级，江苏南部地区的健身指导信息平均指数为71.5，处于良好的等级，发展情况最好，健身指导信息发展水平明显高于江苏中部地区；江苏中部地区的健身指导信息平均指数为59.8，处于良好等级；江苏北部地区的健身指导信息平均指数为65.7，处于良好等级。从三个地区的平均指数来看，江苏中部和江苏南部相差11.7，江苏中部与江苏北部相差5.9，江苏北部与江苏南部相差5.8。从江苏省公共体育信息服务的区域发展情况来看，江苏南部地区在公共体育信息服务的健身指导信息服务发展方面处于全省领先水平。

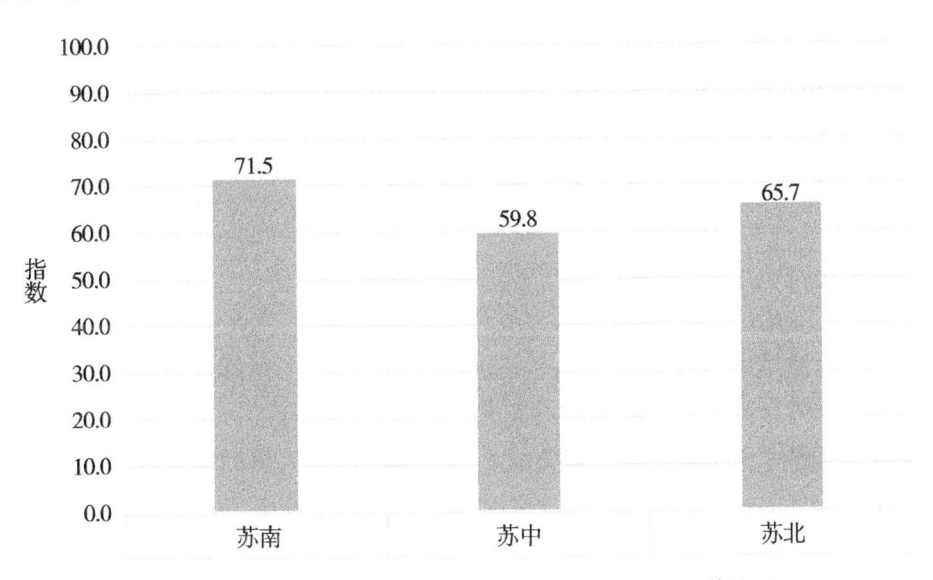

图5-9 2015年江苏省区域健身地区指导信息服务指数测算结果

后　记

　　实施健康中国战略，增进人民健康福祉，满足人民群众多层次、多样化、个性化的健康需求，需要建立并完善公共体育服务标准体系。公共体育信息服务的本质是一种信息中介交流方式，通过信息服务人员的智能劳动完成公共体育服务信息的选择与传递。信息化建设是公共体育服务发展的必然选择，也是提升公共体育服务竞争力的战略决策，但并不是公共体育服务发展包治百病的灵丹妙药。在我国公共体育信息服务标准体系建设中，政府决策机构必须树立大健康发展理念，增强责任感和使命感，以全民健康和全面小康为目标，对公共体育信息服务能力和水平进行全面诊断和科学评价，构建符合我国国情的公共体育信息服务标准体系；用发展的眼光，坚持供给侧改革，以全面、客观、科学的尺度刻画公共体育信息服务标准体系。公共体育信息服务标准体系是衡量公共体育信息服务发展水平的标尺，是制定信息服务发展政策的出发点，具有重要的理论意义和实践价值。面对我国推进公共体育信息服务建设的特定阶段、特定问题，标准体系构建既要反映公共体育信息服务的全貌，又要兼顾信息服务的各个环节，注重细节各方面的操作性标准。在我国公共体育信息服务标准体系建设时，应该遵循适度超前原则，适当借鉴国外信息服务标准中适合我国公共体育信息服务发展的内容，为标准体系构建引领方向。

　　了解公众需求，切实提高公众满意度，从而增强公众对政府机构的信任，是公共服务提供者最关心的问题。政府机构在公共体育服务方面虽然进行了很多尝试，做了大量服务工作，但是对于公共体育信息服务方面的公众需求和满意度情况了解还不多。公众需求是公共体育信息服务工作的出发点，公众满意是公共体育信息服务工作的落脚点。建立公共体育信息服务标准体系的最终目的是监督和规范政府信息服务活动，为公众提供满意的信息服务。采用公众需求的视角对信息服务标准进行设计，可以使信息服务提供人员能够在充分了解公众需求基础上，为公众提供更为符合其实际需求的信息服务。在我国公共体育信息服务标准体系建设中，我们应着重关注公众对信息服务的需求，充分考虑公众希望获得的信息服务内容、形式、功能等。全面引导并梳理公众对公共

后 记

体育信息服务的需求，既包含公众直接提出的需求，又包含在信息服务实际工作中总结得出的解决信息服务存在问题或促进其发展的办法、要求等。依公众需求完善公共体育信息服务的政府供给可以使标准体系建设更具针对性和可操作性，使标准体系的实施更加贴近公众生活，从而切实可行。

《我国公共体育信息服务标准体系研究》经过大量前期调研和理论基础研究，选题来源于2014年国家社会科学基金重点项目子课题研究。课题由笔者导师王家宏教授牵头，经过多次、多地、多部门实地调研、访谈，结合国内外公共体育信息服务相关资料，围绕公共体育信息服务标准体系构建进行深入研究与探讨。

在公共体育信息服务建设领域，要不断强化体育行政部门的责任，充分调动部门人员对信息服务的积极性，形成强大的合力来共同推动我国公共体育信息服务标准体系的建设。健全公共体育信息服务基础设施，合理配置服务资源，完善服务相关的发展政策制度，构建科学的公共体育信息服务标准体系。研究并建立公共体育信息服务人员制度，开展信息服务人员需求调查，编制信息服务人员规划。遵循公共体育信息服务的发展规律，以信息服务项目为依托，培养创新型和复合型人才。充分发挥市场机制在信息服务人力资源配置中的作用，提倡并鼓励体育行政部门人员主动参与公共体育信息服务工作。

世界著名的未来学家奈斯比特对信息社会发展进行了论述并认为，信息社会发展到今天有一个大变化，即信息由提供和存贮变为了对信息的选择。互联网的兴起将把更多的革命带到我们的日常生活中。人工智能很有可能彻底改变人类的生活方式，甚至身体和心智。谷歌从一条检索信息获取上千万条结果发展到直接推送最符合检索意愿的结果；无人驾驶汽车，输入目的地就可以直接送达的点对点服务都是人工智能的杰作。未来的公共体育信息服务很有可能向着人工智能的方向发展和演进。由于人类无力处理海量数据，我们正逐渐地将权力交给自由市场的人工智能来处理。在大数据面前，人类逐渐从设计者的角色转变为社会发展的芯片，甚至是数据洪流中的一片涟漪。未来，我们不仅要面对人与人之间的竞争，还有人与机器、机器与机器间的竞争等。领导力和创造力是我们立足的根本，也是公共体育信息服务创新和发展的动力。专业能力是领导力和创造力的基石，想要使公共体育信息服务在未来发展中具备竞争力，必须切实提高和加强信息服务人员的专业能力。未来的公共体育信息服务要尽可能多地将公众所需信息与媒体以及互联网连接以使信息流最大化。

丁青

2022年10月